KB263956

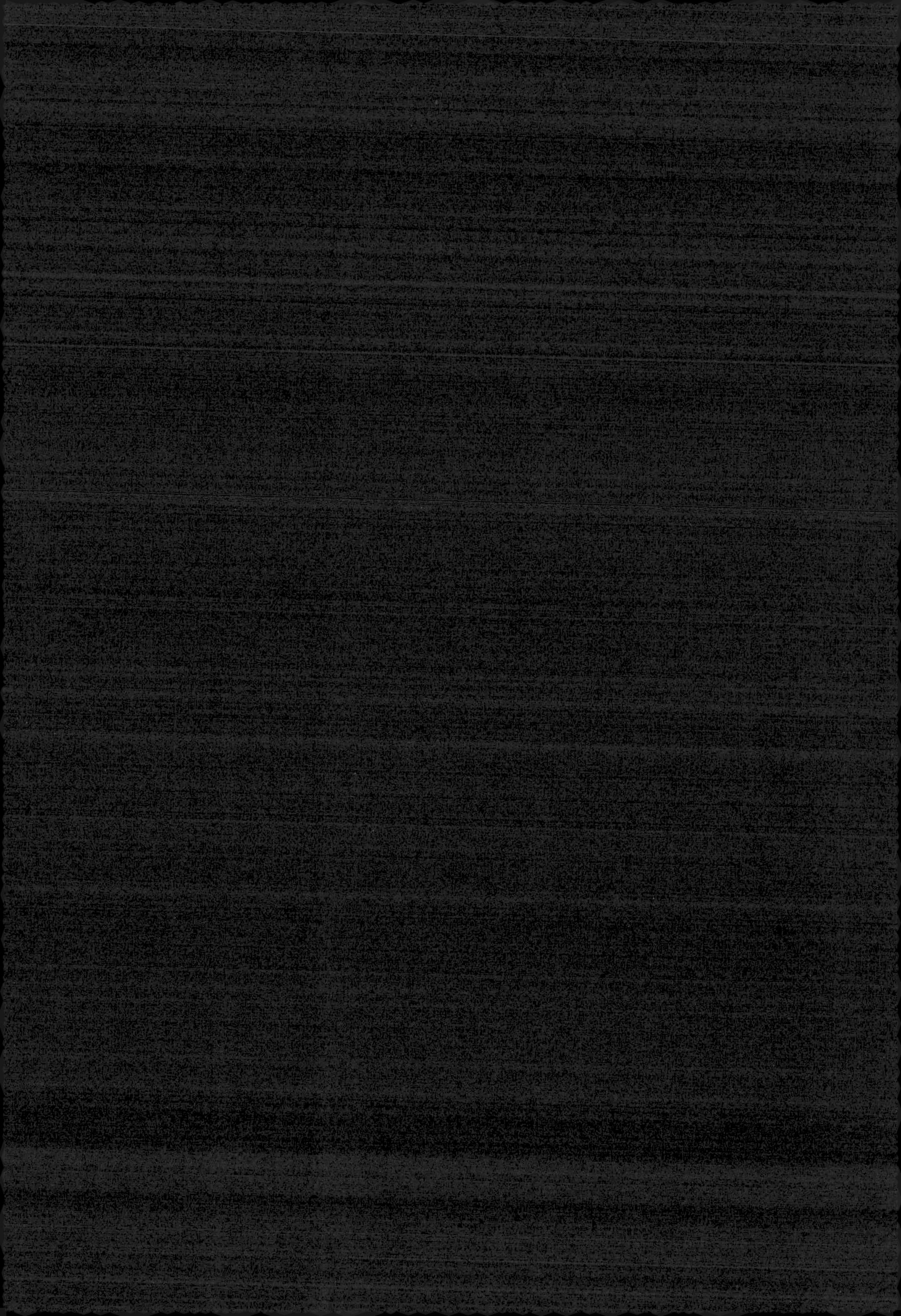

변리사 업무를 위한

찐 실전 Chat GPT

생성형 AI 변리사 업무 활용하기!

박규민·이정원·정다운 공저

(주)광문각출판미디어
www.kwangmoonkag.co.kr

머리말

이 책의 목적은 두 가지다. 첫째, 비전문가가 생성형 AI로 기본적인 특허·디자인·상표 업무를 스스로 준비할 수 있게 돕는다. 둘째, 변리사와 실무자가 AI를 업무 흐름에 안전하게 결합해 생산성과 품질을 높이게 한다. 현장에서 곧바로 쓰는, 변리사가 만든 실전 안내서다.

책은 특허, 디자인, 상표, 법률 문서의 네 파트로 구성했다. 각 파트는 조사, 작성, 심사·분쟁 대응을 한 흐름으로 묶고, 단계별 프롬프트·표준 절차·체크리스트·사례를 배치했다.

이 책은 "무엇을 묻고, 무엇으로 확인하고, 어디서 멈출 것인가"에 초점을 둔다. 초심자는 기본 흐름과 예시 프롬프트부터 따라 하며, 필요한 자료를 모아 질문하고 생성물을 체크리스트로 검토해 품질을 높일 수 있다. 실무자는 반복 작업을 표준화하고 리뷰 포인트를 팀 규칙으로 묶어 내재화하는 접근이 유효하다. 도구는 바뀌어도 원리는 남는다.

AI는 빠른 초안 작성과 분석의 출발점이 될 것이다. 그러나 법적 판단과 최종 제출은 전문가 검토가 전제되어야 한다. 데이터 보안과 비밀 유지, 최신성 한계와 환각 가능성도 함께 관리해야 한다.

지식 재산 실무의 진입 장벽을 낮추고, 전문가의 시간을 반복 작업에서 전략적 판단으로 돌리는 것. 이 책이 그 전환을 빠르고 안전하게 만드는 데 쓰이길 기대한다.

저자 일동

제1부 특허

제3부 상표

1

특허

1장

ChatGPT와 특허법의 만남

1. 특허란 무엇인가?

특허란 새로운 발명에 대하여 국가가 일정 기간 동안 독점·배타적으로 사용할 수 있는 권리를 부여하는 제도이다. 이 과정에서 무형의 발명은 문서화되어 그 권리 범위가 확정된다. 추후, 분쟁이 발생할 경우 변리사들은 특허 문서를 기반으로 분쟁 당사자들의 권리 범위를 주장하고, 법원에서도 특허 문서를 기반으로 특허 침해 여부를 판단하고 있다. 이처럼 특허에서 명세서라는 문서는 가장 핵심적인 역할을 수행한다.

명세서는 크게 청구 범위와 발명의 설명, 그리고 도면으로 구성된다. 청구 범위는 권리 요구서이자 권리서로서 특허라는 권리를 부여할 만한 가치가 있는지, 즉 특허 요건을 심사하는 기준이 된다. 발명의 설명은 청구 범위를 비롯하여 해당 발명에 대한 상세한 설명으로, 누구든지 이를 통해 발명을 실시할 수 있을 정도로 상세하게 기재하여야 한다.[1] 도면 역시 발명의 설명과 마찬가지로 해당 발명을 충분히 이해할 수 있도록 표현되어야 한다.

변리사의 가장 기본적이고 중요한 역할은 발명에 대한 청구 범위를 설계하고,

---

1) 특허는 발명을 공개하는 것을 대가로 독점·배타권을 부여하는 것이므로, 엔지니어들이 공개된 특허의 설명을 보면서 발명을 쉽게 실시할 수 있을 정도로 기재하여야 한다. (특허법 제42조 제3항 제1호 참조)

발명의 설명을 기재하며, 도면을 표현하는 등 특허의 문서화 작업을 수행하는 것이다. 변리사가 청구 범위를 어떻게 설계하고, 발명의 설명을 어느 정도로 상세하게 기재하느냐에 따라 해당 특허의 권리성과 안정성이 결정되기 때문이다.

2. 특허 업무에서 AI 활용의 필요성

인공지능(AI, Artificial Intelligence)은 컴퓨터 시스템이 인간의 지능적인 행동을 모방하여 학습, 추론, 문제 해결, 언어 이해 등을 수행할 수 있는 기술을 의미한다. 현대 사회에서 인공지능은 산업 전반에 걸쳐 광범위하게 활용되고 있다. 플랫폼 서비스에서 고객에게 맞춤형 제품을 추천하거나, 챗봇을 통해 실시간 고객 상담을 제공하며, 심지어는 논문이나 기사를 대신 작성하는 등 활용 범위가 지속적으로 확장되고 있다.

특히 인공지능은 문서 작성 분야에서 그 진가를 발휘하고 있다. ChatGPT를 비롯하여 다양한 자연어 처리(NLP) 기술 기반의 인공지능 모델들이 등장하면서 많은 현대인이 문서 작성 과정에서 이러한 도구들을 적극 활용하고 있다.

특허 업무에서 문서화 작업이 중요한 역할을 가지는 만큼 ChatGPT를 비롯한 인공지능 활용의 필요성이 점차 커지고 있다. 이에 본서에서는 변리사를 비롯한 특허 실무자들이 ChatGPT와 같은 인공지능 도구를 효과적으로 활용할 수 있는 방안에 대해 살펴보고자 한다.

2장

특허 조사 및 분석

1. 특허 요건과 선행기술조사의 중요성

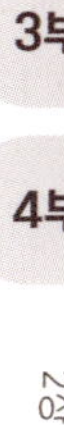

특허를 부여할 만한 가치가 있는지를 판단하는 특허 요건 중 가장 대표적인 것은 신규성과 진보성이다(특허법 제29조 참조). 특허청 심사관들은 특허를 받고자 하는 발명(이하 '대상 발명'이라 한다)이 다른 발명들과는 차별화되는 신규한 발명인지, 그리고 이미 존재하는 다른 발명들과 비교하여 기술적으로 진보한 발명인지를 평가하여 특허권이라는 독점·배타적인 권리를 부여하게 된다.

변리사는 신규성과 진보성을 확보하기 위해 대상 발명과 기술적 특징이 유사한 선행기술들을 먼저 조사하는 것이 특허 출원 업무의 시발점이 된다. 예를 들어, 지우개가 달린 연필에 대한 특허를 출원하고자 한다면, 변리사는 지우개가 달린 연필과 관련된 모든 선행기술들을 꼼꼼히 검토하고 분석하여 대상 발명만이 가지는 차별적인 기술적 특징을 도출해 내야 한다.

2. ChatGPT를 활용한 선행기술 검색

이러한 상황에서 ChatGPT를 활용하여 선행기술 검색을 수행할 수 있다. 예를 들어, ChatGPT에 '지우개가 달린 연필'과 관련된 선행기술들을 조사해 달라고 요청하면, 아래와 같이 관련된 기존 특허나 기술 정보들을 확인할 수 있다.

【상황 설정】

'지우개가 달린 연필'을 발명한 A씨는 관련된 선행기술을 조사하려고 한다. A씨는 ChatGPT에 다음과 같이 질문했다.

 '지우개가 달린 연필'과 관련된 선행기술을 찾아 줘.

 '지우개가 달린 연필'의 선행 기술로는 1858년 3월 30일, 미국 필라델피아의 하이먼 립먼(Hymen L. Lipman)이 지우개가 부착된 연필에 대한 특허를 최초로 등록한 사례가 있습니다. 이후, 지우개를 교체할 수 있는 오각형 연필과 같은 다양한 개선된 발명들이 이어졌습니다.

해당 화면의 출처 또는 각각의 문장 뒤에 연결된 URL을 클릭하면 자세한 선행기술의 내용을 확인할 수 있다.

【구글 URL 이동 결과】

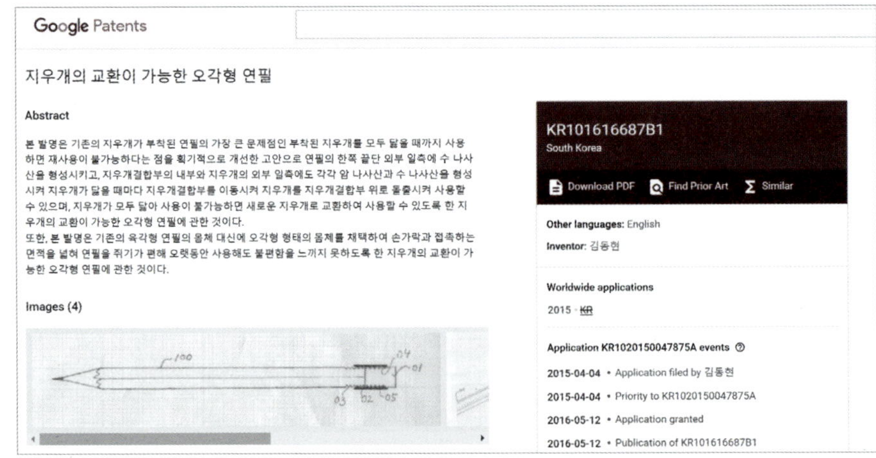

Google Patents

지우개의 교환이 가능한 오각형 연필

Abstract

본 발명은 기존의 지우개가 부착된 연필의 가장 큰 문제점인 부착된 지우개를 모두 닳을 때까지 사용하면 재사용이 불가능하다는 점을 획기적으로 개선한 고안으로 연필의 한쪽 끝단 외부 일측에 수 나사산을 형성시키고, 지우개결합부의 내부와 지우개의 외부 일측에도 각각 암 나사산과 수 나사산을 형성시켜 지우개가 닳을 때마다 지우개결합부를 이동시켜 지우개를 지우개결합부 위로 돌출시켜 사용할 수 있으며, 지우개가 모두 닳아 사용이 불가능하면 새로운 지우개로 교환하여 사용할 수 있도록 한 지우개의 교환이 가능한 오각형 연필에 관한 것이다.

또한, 본 발명은 기존의 육각형 연필의 몸체 대신에 오각형 형태의 몸체를 채택하여 손가락과 접촉하는 면적을 넓혀 연필을 쥐기가 편해 오랫동안 사용해도 불편함을 느끼지 못하도록 한 지우개의 교환이 가능한 오각형 연필에 관한 것이다.

Images (4)

KR101616687B1
South Korea

📄 Download PDF   🔍 Find Prior Art   Σ Similar

Other languages: English
Inventor: 김동현

Worldwide applications

2015 · KR

Application KR1020150047875A events ⓘ

2015-04-04 • Application filed by 김동현
2015-04-04 • Priority to KR1020150047875A
2016-05-12 • Application granted
2016-05-12 • Publication of KR101616687B1

3. 전문가 수준의 선행기술 검색 방법

위와 달리, 전문가 수준에서 특허를 검색하는 방법이 있다. 처음에는 일반적인 검색 결과를 제공받을 수 있지만, 이후 전문가 수준에서 찾아달라고 요청하면 관련 선행기술부터 해당 특허의 히스토리, 출원 시 고려 사항까지 제안받을 수 있다.

【상황 설정】

 '지우개가 달린 연필'과 관련된 선행기술을 찾아 줘, 특허 전문가 수준으로 찾아 줘.

 '지우개가 달린 연필'의 선행기술과 관련된 특허 전문가 수준의 정보를 제공해드리겠습니다.

하이먼 립먼의 특허

1858년 3월 30일, 미국 필라델피아의 하이먼 립먼(Hymen L. Lipman)은 연필 끝에 지우개를 부착한 디자인으로 미국 특허 번호 19,783호를 취득하였습니다. 이 특허는 연필과 지우개를 결합한 최초의 사례로, 필기와 수정 기능을 하나의 도구로 통합한 혁신적인 발명이었습니다.

특허 무효화 소송

그러나 1875년, 립먼의 특허는 '단순한 결합에 불과하다'는 이유로 무효화되었습니다. 미국 연방대법원은 연필과 지우개의 결합이 새로운 발명이 아니며, 기존 제품의 단순한 조합에 지나지 않는다고 판결하였습니다. 이로 인해 립먼의 특허는 효력을 상실하게 되었습니다.

후속 발명과 개선

립먼의 특허 이후, 지우개가 부착된 연필에 대한 다양한 개선과 발명이 이어졌습니다. 예를 들어, 지우개를 교체할 수 있는 구조나 지우개의 형태를 변경하는 등의 아이디어가 제시되었습니다. 이러한 후속 발명들은 기존의 립먼 특허와 차별화된 기술적 특징을 강조하여 새로운 특허로 인정받을 수 있었습니다.

특허 출원 시 고려사항

지우개가 달린 연필과 관련된 특허를 출원하고자 할 때에는 다음과 같은 사항을 고려해야 합니다:

1. 기술적 차별성: 기존의 연필과 지우개 결합 제품과 비교하여 명확한 기술적 차별성이 있어야 합니다. 단순한 결합이나 기존 기술의 반복은 특허로 인정받기 어렵습니다.

2. 창의성 및 진보성: 해당 발명이 해당 분야의 전문가에게 자명하지 않은 창의적이고 진보적인 요소를 포함해야 합니다.

3. 명확한 명세서 작성: 발명의 상세한 구현 방법과 그에 따른 효과를 명확하게 기술하여야 하며, 도면 등을 통해 구체적으로 설명하는 것이 바람직합니다.

이러한 요소들을 충족시킬 경우, 지우개가 달린 연필과 관련된 새로운 발명으로서 특허를 취득할 수 있을 것입니다.

4. Patent Copilot을 활용한 심화 분석

나아가, ChatGPT 기반의 맞춤형 모델인 'Patent Copilot'을 활용하면 더욱 상세한 결과를 얻을 수 있다. Patent Copilot 모델은 특허 검색, 회피 전략, 명세서 작성 등 특허 업무에 특화된 AI로, 이를 이용하면 보다 신속하고 효율적으로 특허 업무를 수행할 수 있다. 아래는 Patent Copilot 모델을 사용한 결과이다.

【상황 설정】

 '지우개가 달린 연필'과 관련된 선행기술을 찾아 줘.

 '지우개가 달린 연필'은 연필과 지우개를 결합한 혁신적인 발명으로, 필기와 수정의 편의성을 동시에 제공합니다. 이러한 아이디어는 19세기 중반에 등장하였으며, 여러 발명가들이 관련 특허를 출원하였습니다. 아래는 관련 선행기술을 정리한 표입니다:

발명가	특허명	특허번호	출원일자
하이먼 립먼 (Hymen Lipman)	연필과 지우개의 결합 장치	US19783A	1858년 3월 30일
조지프 레첸도르퍼 (Joseph Reckendorfer)	지우개가 부착된 연필	–	1862년 3월 30일
하이먼 립먼 (Hymen Lipman)	지우개가 달린 연필	US19783A	1867년 7월

> 하이먼 립먼은 1858년 3월 30일에 연필 끝에 지우개를 부착하는 아이디어로 미국 특허를 받았습니다. 이후 조지프 레첸도르퍼는 립먼의 특허를 인수하여 1862년에 지우개가 부착된 연필에 대한 특허를 출원하였습니다. 또한, 립먼은 1867년 7월에 지우개가 달린 연필에 대한 또 다른 특허를 받았습니다.
> 이러한 선행기술들은 연필과 지우개의 결합을 통해 필기도구의 편의성을 높이는 데 기여하였으며, 현재까지도 널리 사용되고 있습니다.

Patent Copilot 모델은 관련 특허번호를 함께 검색해 주기 때문에 활용성이 높아 보인다. 그러나 AI의 한계로 인해 잘못된 특허번호가 기재되는 경우가 종종 있으며, 실제 해당 특허번호를 검색해 보면 정확하지 않은 경우가 많다. Patent Copilot 모델만의 문제가 아니라, ChatGPT에서도 종종 그런 결과가 나온다. 따라서 이와 같은 AI 모델들을 활용하는 사용자들은 이러한 점을 충분히 고려하고, 검색 결과를 신중하게 검토한 후 활용해야 한다.

예를 들어, 위 사진에 있는 특허의 명칭과 출원일은 각각 다르지만, 모두 동일한 특허번호를 가지고 있다. 사용자들은 이 세 개의 특허를 각각 다른 특허로 오인할 가능성이 있으므로 관련 인용 문헌들을 참고하여 정확히 검토할 필요가 있다. 실제로 지우개가 달린 연필은 1858년 3월 30일 하이먼 립먼이 특허 출원하였으며, 이후 조지프 레첸도르퍼가 해당 특허를 10만 달러에 구매한 것으로 알려져 있다.[2]

5. AI 기반 검색 툴과 ChatGPT의 조합

한편, 특허 전문가들은 키워트(KEYWERT)나 윕스온(WIPS ON)과 같은 유료 선행기술 검색 툴을 활용하여 선행기술을 조사할 수 있다. 이러한 검색 툴에는 AI 검색 등의 기능이 포함되어 있지만, 보다 정확한 검색 결과를 얻기 위해서는 검색식을 정교하게 구성하는 것이 중요하다. 검색식을 잘 짜기 위해서는 관련 유사어를 포괄하는 능력이 필수적이므로 이를 효과적으로 수행하기 위해 ChatGPT와 같은 AI

---

2) 위키피디아 참조(https://en.wikipedia.org/wiki/Hymen_Lipman)

도구를 활용할 수 있다. 특히 검색을 처음 시작할 때는 포괄적인 검색식을 구성하기 위해 AI에 검색식 작성을 요청하는 방법도 유용하다.

【상황 설정】

 '지우개가 달린 연필'과 관련된 선행기술을 검색할 건데 검색식을 좀 짜줄래?

 지우개가 달린 연필(Eraser-tipped pencil)과 관련된 선행기술 검색을 위해 효과적인 검색식을 구성해 보겠습니다.

1. 기본적인 검색어 조합

지우개가 달린 연필과 관련된 다양한 표현을 포함해야 합니다.

① 핵심 개념 키워드

- 연필 (pencil)

- 지우개 (eraser, rubber)
- 일체형 (integrated, attached, built-in)
- 고정형/분리형 (fixed, detachable)
- 기계식 (mechanical)

② 유사어 및 확장 표현

- 지우개가 달린 연필 = 연필 + 지우개 + 결합
  ("연필" OR "pencil") AND ("지우개" OR "eraser" OR "rubber") AND ("결합" OR "일체형" OR "부착" OR "built-in" OR "attached")
- 기계식 연필에 지우개 포함 = 샤프 + 지우개 포함
  ("샤프" OR "기계식 연필" OR "mechanical pencil") AND ("지우개" OR "eraser")
- 지우개 교체 가능 연필 = 분리형 지우개 포함 연필
  ("연필" OR "pencil") AND ("지우개" OR "eraser") AND ("교체" OR "분리" OR "detachable" OR "replaceable")

위와 같이 ChatGPT가 키워드와 유사어를 함께 제시하므로 이를 활용하여 포괄적인 검색식을 구성한 후, 더욱 상세하고 정교하게 확장해 나갈 수 있다.

 **2. 예제 검색식 (Boolean 검색)**

아래 검색식은 키워트(KEYWERT)나 윕스온(WIPS ON)에서 사용할 수 있는 형태로 구성되었습니다.

(1) 기본 검색식 (지우개가 부착된 연필 전반)

(("연필" OR "pencil") AND ("지우개" OR "eraser" OR "rubber") AND ("일체형" OR "부착" OR "결합"))

(2) 기계식 연필(샤프) 포함

(("연필" OR "pencil" OR "샤프" OR "mechanical pencil") AND ("지우개" OR "eraser" OR "rubber"))

(3) 지우개 교체 가능 여부 포함

(("연필" OR "pencil") AND ("지우개" OR "eraser") AND ("교체" OR "분리" OR "detachable" OR "replaceable"))

(4) 연필의 구조적 특징 포함 (예: 클러치 연필, 리필 가능한 연필 등)

(("연필" OR "pencil") AND ("지우개" OR "eraser") AND ("클러치" OR "clutch" OR "리필" OR "refillable"))

위의 검색식은 실제 키프리스(KIPRIS), 키워트(KEYWERT), 윕스온(WIPS ON) 등에서 직접 활용할 수 있는 형태로 구성되어 있다. 사용자는 해당 식을 그대로 복사하거나 필요에 따라 일부 키워드를 수정하여 입력함으로써 보다 효율적으로 선행기술조사를 수행할 수 있다.

6. 선행 특허 분석

선행 특허를 찾았다면, 해당 선행 특허를 검색하고 분석하는 것이 중요하다. 기존 선행 특허 문헌을 철저히 검토함으로써 자신의 발명이 기존 기술과 어떻게 차별화되는지를 명확히 할 수 있다. 하지만 선행 특허를 분석하는 과정은 방대한 문서를 다루어야 하며, 청구항(Claim) 해석, 차이점 도출, 법적 상태 검토 등 복잡한 작업이 수반될 수 있다. 이러한 과정에서 ChatGPT와 같은 AI 도구를 활용하면 보다 효율적으로 특허를 분석할 수 있다. AI는 방대한 특허 문헌을 요약하고, 핵심 내용을 추출하며, 기존 기술과의 차별성을 비교하는 데 도움을 줄 수 있다.

특히 특허 문헌은 길고 복잡한 법률적, 기술적 용어로 이루어져 있다. ChatGPT를 활용하면 이러한 문서를 보다 쉽게 요약할 수 있다.

【상황 설정】

먼저, ChatGPT에 해당 선행 특허 문헌의 파일을 업로드한 뒤 서지 정보를 요약해달라고 요청하였다. [3]

 📄 **특허 서지 정보 요약**
- 출원번호: 10-2015-0047875
- 출원일자: 2015년 04월 04일
- 등록번호: 10-1616687
- 등록일자: 2016년 04월 23일
- 공고일자: 2016년 05월 12일

- 발명의 명칭: 지우개의 교환이 가능한 오각형 연필
- 특허권자: 김동현 (경상남도 김해시)
- 발명자: 김동현
- 국제특허분류 (IPC):
  ◦ B43K 29/02 (필기구의 지우개 장착 구조)
  ◦ B43K 19/02 (연필 등의 구조)
- 기술 이전 희망 여부: 기술 양도 가능

🧠 **발명의 요약**

본 발명은 지우개의 교체가 가능한 오각형 연필에 관한 것으로, 기존 연필의 고정형 지우개 문제를 해결하기 위해 나사 결합 방식을 도입하였다. 연필 끝단과 지우개 결합부에 수압 나사산을 형성하여, 지우개를 다 쓰면 돌려서 새로운 지우개로 교체할 수 있도록 하였다. 또한, 연필 몸체를 오각형으로 설계하여 그립감을 향상시키는 특징이 있다.

---

3) 이때, 업로드한 특허 문헌의 파일은 위에서 검색하였던, 지우개의 교환이 가능한 오각형 연필에 관한 실용신안이다(등록번호 KR 10-1616687 B1).

ChatGPT는 검색된 선행 특허의 기본적인 서지 정보를 요약해서 알려주며, 이를 통해 해당 발명의 개요를 파악할 수 있을 뿐만 아니라, 누가 출원했는지(기업 또는 개인), 출원일과 공개일 등의 주요 이력, 그리고 발명의 요약된 내용을 간편하게 확인할 수 있다.

【상황 설정】

ChatGPT에 해당 선행 특허 문헌의 청구항을 표 형태로 정리해 달라고 요청할 수 있다.

 📄 특허 청구항 정리 (표 형태)

청구항 번호	내 용
청구항 1	삭제됨
청구항 2	지우개 결합부(02)의 외부 형태는 오각형, 내부 형태는 원통형으로 되어 있으며, 내면에 암 나사산(05)이 형성되어 있다. 지우개(01)의 수 나사산은 연필의 수 나사산(03)과 결합되어, 지우개가 닳을 때마다 지우개 결합부를 회전시켜 지우개를 돌출시켜 사용하는 것이 가능하다. 닳은 후에는 새로운 지우개로 교체 가능하다.

선행 특허의 청구 항을 표 형태로 정리해서 알려주고, 엑셀파일로 다운로드할 수 있도록 제공되고 있다. 다만, ChatGPT가 청구 항 내용을 일정 부분 요약하여 보여주므로 실제 선행 특허 문서와 비교하여 검토하는 과정이 필요하다.

7. ChatGPT를 활용한 검색 전략의 실무적 시사점

이처럼 위에서 설명한 수준만으로도 특허 출원을 준비하는 첫 번째 단계에서 선행기술을 검색하고 분석하는 데 큰 도움이 될 것이다. 특히 기존 기술과의 차별성을 확인하고, 출원 전략을 세우는 과정에서 ChatGPT를 활용하면 보다 효율적이고 체계적인 접근이 가능하다. 이를 통해 특허 명세서를 작성하기 전에 기존 기술을 폭넓게 검토하고, 새로운 발명의 차별성을 강조할 수 있는 방향을 모색하는 데 유용하게 활용할 수 있을 것이다.

다만, 앞서 언급했듯이 ChatGPT를 활용한 모든 업무에는 일정 수준의 부정확성이 내재되어 있으므로 반드시 전문가의 검토가 함께 이루어져야 한다.

3장

특허 명세서 지원

1. 청구항 작성 및 검토

앞에서도 말했듯이, 특허 출원의 핵심은 무형의 발명을 특허 문서화하는 것이다. 특허 명세서는 발명의 내용을 상세히 기술하는 문서이지만, 그중에서도 권리 범위를 결정하는 핵심 요소는 청구항(Claim)이다.

청구항은 특허권자가 보호받을 발명의 범위를 규정하며, 작성 방식에 따라 특허의 강도와 효용성이 크게 달라진다. 명확하고 넓은 범위를 가지면서도 적절한 법적 보호를 받을 수 있도록 구성하는 것이 중요하다. 반면, 모호하거나 불필요한 제한을 포함한 청구항은 권리 범위를 좁히거나 무효 가능성을 높일 수 있다.

따라서 청구항 작성은 단순한 문장 기술이 아니라 법적, 기술적, 전략적 판단이 모두 요구되는 과정이다. 특히, 선행기술과의 차별성을 강조하면서도 경쟁사의 회피 설계를 방지할 수 있도록 정교한 문구 조정이 필요하다. 이러한 작업을 보다 효과적으로 수행하기 위해 최근에는 AI 기술을 활용한 청구항 작성 및 검토가 실무에서 점점 더 중요해지고 있다.

이제, 청구항 작성과 검토 과정에서 ChatGPT를 어떻게 활용할 수 있는지 살펴보자.

(1) 청구항 초안 작성 1 – '지우개가 달린 연필'

【상황 설정】

A씨는 '지우개가 달린 연필'에 대한 발명을 특허 출원하고자 한다. A씨는 연필의 크기에 상관없이 지우개가 결합될 수 있도록 지우개 결합 부위를 연질 소재로 구성하였다. A씨는 ChatGPT에 특허 청구항 작성을 요청하였다.

 연필의 크기에 상관없이 지우개가 결합될 수 있도록 지우개 결합 부위를 연질 소재로 구성하는 특징을 가진 특허청구항을 작성해 줘.

 ✏️ 지우개가 달린 연필에 대한 특허청구항 초안
【청구항 1】
연필의 단부에 지우개가 결합된 연필에 있어서, 연필의 크기에 상관없이 지우개가 결합될 수 있도록 지우개 결합 부위가 연질 소재로 형성된 것을 특징으로 하는 지우개가 달린 연필.

【청구항 2】 (종속항 예시)
청구항 1에 있어서, 상기 연질 소재는 탄성 재료로 구성되어, 연필의 직경에 따라 변형 가능하도록 형성된 것을 특징으로 하는 지우개가 달린 연필.

【청구항 3】 (종속항 예시)
청구항 1에 있어서, 상기 연질 소재는 실리콘, 고무 또는 폴리우레탄 재질을 포함하는 것을 특징으로 하는 지우개가 달린 연필.

그러나 위의 내용만으로는 특허 청구항이 기존 선행 발명들과의 차별성을 명확하게 도출하기 어려울 수 있다. 이러한 경우, 선행기술 조사와 마찬가지로 ChatGPT에 특허 전문가 수준의 구체적인 실시예 추가를 요청하여 발명의 차별성을 더욱 구체화할 수 있다.

【상황 설정】

 전문가 수준에서 실시예를 더욱 구체화해서 청구항을 작성해 줘.

📝 청구항 작성 예시

【청구항 1】 (독립항 – 기본 구조)

연필의 단부에 지우개가 결합된 연필에 있어서, 연필의 크기에 상관없이 지우개가 결합될 수 있도록 지우개 결합 부위가 연질 소재로 형성된 것을 특징으로 하는 지우개가 달린 연필.

【청구항 2】 (연질 소재의 유형 및 특성)

청구항 1에 있어서, 상기 연질 소재는 실리콘, 열가소성 엘라스토머(TPE), 고무 또는 폴리우레탄으로 형성되며, 연필의 직경 변화에 따라 변형 가능하도록 탄성계수가 0.5~5.0 MPa 범위인 것을 특징으로 하는 지우개가 달린 연필.

【청구항 3】 (연질 소재의 구조 및 결합 방식 – 소매형 구조)

청구항 1에 있어서, 상기 연질 소재는 연필의 단부를 감싸는 소매형(sleeve-type) 구조로 형성되며, 내측에 연필의 고정을 위한 돌출부(rib) 또는 요철 패턴(groove pattern)이 형성된 것을 특징으로 하는 지우개가 달린 연필.

【청구항 4】 (연질 소재의 구조 및 결합 방식 – 홀더형 구조)

청구항 1에 있어서, 상기 연질 소재는 연필의 단부에 삽입될 수 있도록 형성된 홀더형(holder-type) 구조이며, 연필의 직경 변화에 따라 내측 변연이 변형될 수 있도록 다층 구조 또는 겹침 구조(laminated or overlapped structure)를 포함하는 것을 특징으로 하는 지우개가 달린 연필.

【청구항 5】 (연질 소재의 내부 보강 구조)

청구항 3 또는 청구항 4에 있어서, 상기 연질 소재의 내부에는 연필의 고정력을 증가시키기 위해 메탈 링(metal ring), 플라스틱 스프링(plastic spring), 또는 내부 프레임(inner frame)이 삽입된 것을 특징으로 하는 지우개가 달린 연필.

【청구항 6】 (지우개의 결합 방식 – 삽입형 및 착탈형 구조)

청구항 1에 있어서, 상기 지우개는 연질 소재의 결합 부위 내에 삽입형으로 결합되거나, 착탈이 가능한 구조로 형성된 것을 특징으로 하는 지우개가 달린 연필.

【청구항 7】 (지우개의 결합 방식 – 나사형 또는 클립형 결합 구조)

청구항 6에 있어서, 상기 지우개는 연필 단부에 형성된 결합 부위와 나사형(threaded) 또는 클립형(clip-on) 구조로 체결되는 것을 특징으로 하는 지우개가 달린 연필.

【청구항 8】 (지우개 결합 부위의 보호 기능)

청구항 1에 있어서, 상기 연질 소재의 지우개 결합 부위는 덮개(cap) 또는 보호 커버(cover)를 포함하여, 지우개가 사용되지 않을 때 외부 오염을 방지하도록 형성된 것을 특징으로 하는 지우개가 달린 연필.

나아가, 선행 특허의 파일을 함께 첨부하면, 해당 선행기술과의 차별점을 도출하여 청구항을 보다 정교하게 보완하고 강화할 수 있다.

【상황 설정】

 선행 특허 청구항과의 차이점을 기초로 청구항을 수정해 줘.

 🔍 선행 특허(KR10-1616687)의 주요 특징

1. 지우개의 교환 가능성
- 연필 끝단과 지우개에 수 나사산,
- 지우개 결합부 내부에 암 나사산을 형성하여
- 지우개를 교체할 수 있도록 구성.

2. 연필 몸체의 형상 차별화
- 기존 육각형이 아닌 오각형 연필을 채택하여
- 손으로 잡기 편하도록 설계.

3. 지우개의 이동 및 돌출 조절
- 지우개 결합부를 상하로 이동하여
- 지우개의 소모에 따라 돌출 길이 조절 가능.

✨ **개선된 특허청구항 (선행 특허와 차별화)**

기존 청구항을 보완하여 나사 결합 방식 대신 연질 소재를 활용한 결합 구조 및 탄성 조절 기능을 추가로 도입함으로써 차별성을 확보하였습니다.

【청구항 1】(독립항 – 기본 구조)

연필의 단부에 지우개가 결합된 연필에 있어서,
- 연필의 크기에 상관없이 지우개가 결합될 수 있도록
- 지우개 결합 부위를 연질 소재로 형성하고,
- 지우개가 쉽게 교체될 수 있도록 **나사 결합 방식이 아닌 탄성 결합 구조**를 포함하는 것을 특징으로 하는 지우개가 달린 연필.

【청구항 2】(연질 소재의 유형 및 특성)

청구항 1에 있어서, 상기 연질 소재는
- 실리콘, 열가소성 엘라스토머(TPE), 고무 또는 폴리우레탄으로 형성되며,
- 연필의 직경 변화에 따라 변형 가능하도록 **탄성 계수가 0.5~5.0 MPa 범위**인 것을 특징으로 하는 지우개가 달린 연필.

【청구항 3】(지우개 결합 방식 – 나사산 미사용 탄성 결합 구조)

청구항 1에 있어서, 상기 지우개 결합 부위는 연필 끝단을 감싸는 **소매형(sleeve-type)** 구조로 형성되며,

- 내부에 탄성 고정 리브(elastic fixing rib) 또는 요철 패턴(groove pattern)을 포함하여,
- 나사산 없이도 다양한 직경의 연필에 고정될 수 있도록 구성된 것을 특징으로 하는 지우개가 달린 연필.

【청구항 4】(지우개의 결합 및 교체 기능 – 원터치 방식)

청구항 3에 있어서, 상기 지우개는

- 연필 끝단의 연질 소재 결합 부위 내에 삽입형으로 결합되거나,
- **원터치 탈착 구조**로 형성된 것을 특징으로 하는 지우개가 달린 연필.

이러한 방식으로 ChatGPT를 활용하면 조사한 유사 선행 특허와의 차별점을 기반으로 청구항 초안을 작성하는 데 도움을 받을 수 있다. 다만, ChatGPT가 생성한 청구항 초안이 특허법상의 기재 형식과 완벽히 일치하는 것은 아니므로 반드시 변리사의 검토와 보완이 필요하다.

결국 ChatGPT는 특허 청구항 작성의 기초 자료를 신속하게 마련하는 도구로 활용할 수 있지만, 최종적인 청구항은 변리사의 도움을 받아 법적 요건에 맞게 다듬어야 한다.

(2) 청구항 초안 작성 2 – '온도 조절 정수기'

ChatGPT가 제공한 특허 청구항 예시는 그대로 사용할 수는 없지만, 이를 기초로 특허 청구항을 작성하는 데 유용한 기반을 마련할 수 있다. 특히, 단순 발명보다 구성이 복잡하거나 제어 기능이 포함된 발명일수록 ChatGPT의 활용도가 높아진다.

이번에는 보다 복잡한 제어 기능이 포함된 발명에 대한 청구항 초안 작성을 시도해 보자.

【상황 설정】

먼저 발명의 기본 구성을 파악하는 것이 중요하다. 발명의 핵심이 되는 기본적

인 기계적 요소와 이를 제어하는 센서, 제어 알고리즘, 사용자 입력 방식 등을 명확히 정의한 후, 이를 기반으로 청구항 구조를 구성해야 한다.

특히, 기본적인 구성과 제어 기능이 조화를 이루도록 설계하는 것이 중요하며, 이를 반영하여 제어 기능이 포함된 특허 청구항을 작성할 수 있다.

예를 들어, 그날의 날씨에 따라 자동으로 물의 온도를 조절하는 정수기를 개발했다고 가정하자. 먼저 정수기의 기본 구성을 파악하는 것이 중요하므로 아래와 같이 ChatGPT에 요청할 수 있다.

 정수기의 기본 구성을 포함하는 특허 청구항을 작성해 줘.

 **【청구항 1】 (독립항 – 정수기의 기본 구성)**
물을 정수하는 정수기에 있어서,
- 원수를 공급받는 **유입부**,
- 원수의 불순물을 제거하는 **필터부**,
- 정수된 물을 저장하는 **저수부**,
- 정수된 물을 사용자에게 공급하는 **출수부**,
- 정수기의 작동을 제어하는 **제어부**
  를 포함하는 것을 특징으로 하는 정수기.

【청구항 2】 (필터부의 구성 및 정수 방식)
청구항 1에 있어서,
상기 **필터부**는 다단계 필터링을 수행하도록 구성되며,
- **침전 필터**: 침전물 및 이물질 제거
- **활성탄 필터**: 염소 및 유기물 제거
- **멤브레인 필터**(역삼투막 필터 또는 나노필터): 세균 및 미세 입자 제거
  를 포함하는 것을 특징으로 하는 정수기.

이러한 방식으로 ChatGPT를 활용하면 발명의 기본 구성을 신속하게 파악할 수 있으며, 이를 토대로 특허 청구항의 초안도 빠르게 작성할 수 있다. 나아가, 초안에 기반하여 발명의 핵심 내용을 정교하게 다듬는 것은 물론, 정수기와 같은 시스템에 필요한 제어 기능 등을 추가하여 맞춤형 청구항을 구성하는 데에도 효과적으로 활용할 수 있다.

【상황 설정】

 정수기의 기본 구성에 '그날의 날씨에 맞게 물의 온도를 조절하는 기능'을 추가한 종속항을 작성해 줘.

 **【청구항 3】 (날씨 기반 자동 온도 조절 기능)**
청구항 1에 있어서, 상기 **제어부**는
- 외부 환경 정보를 수집하기 위한 온도 센서 및 습도 센서를 포함하며,
- 기온, 습도, 계절 등의 날씨 정보를 기반으로 출수 온도를 자동 조절하는 것을 특징으로 하는 정수기.

【청구항 4】 (날씨 정보 연동 및 사용자 맞춤 설정 기능)
청구항 3에 있어서, 상기 **제어부**는
- 인터넷에 연결되어 **기상청 API 또는 외부 날씨 데이터**를 실시간으로 수신하고,
- 사용자의 출수 패턴을 분석하여 **날씨에 따라 맞춤형 온도 설정을 자동 조절**하는 것을 특징으로 하는 정수기.

【청구항 5】 (AI 기반 온도 조절 시스템)
청구항 1에 있어서, **상기 제어부**는
- 인공지능(AI) 알고리즘을 이용하여 사용자의 음용 습관, 계절적 패턴 및 날씨 데이터를 분석하고,
- 출수 온도를 **최적의 온도로 자동 조절**하도록 학습하는 것을 특징으로 하는 정수기.

(3) 청구항 초안 작성을 위한 프롬프트 작성 팁

앞서 살펴본 것처럼, 우리는 ChatGPT를 활용하면 신속하고 효과적으로 청구항 초안을 작성할 수 있다. 한편, 이 과정에서 중요한 것은 ChatGPT가 우리가 원하는 방향으로 답변할 수 있도록 어떻게 질문(프롬프트)을 작성하느냐이다.

프롬프트가 구체적이고 명확할수록 ChatGPT는 더욱 정교하고 유용한 답변을 제공할 수 있으며, 이를 통해 보다 완성도 높은 특허 명세서 초안을 작성하는 데 도움을 받을 수 있다. 이를 위해 다음과 같은 원칙을 적용하면 효과적인 답변을 얻을 수 있다.

첫째, 발명의 핵심 정보를 포함하여 요청해야 한다.

연필의 크기에 상관없이 지우개가 결합될 수 있도록, 지우개 결합 부위를 연질 소재로 구성한 '지우개가 달린 연필'의 발명의 설명을 작성해 줘.

→ 핵심 기술 요소(연질 소재, 지우개 결합 방식)를 포함하면 더욱 정확한 답변을 얻을 수 있다.

둘째, 선행기술과 차별점을 반영하여 요청해야 한다.

기존 선행기술인 '오각형 연필에 지우개를 나사 결합하는 방식'과 차별화된 '연질 소재를 활용한 지우개 결합 방식'을 강조하여, 발명의 설명을 작성해 줘.

→ 이렇게 하면 선행 특허와 비교하여 차별성이 부각된 설명을 받을 수 있다.

셋째, 다양한 변형 실시 예를 포함하도록 요청해야 한다.

지우개가 달린 연필의 변형 실시 예를 3가지 이상 포함하여 발명의 설명을 작성해 줘.

→ 다양한 실시 예가 포함된 상세한 답변을 받을 수 있다.

(4) 유료 버전의 심층 리서치

ChatGPT를 활용하면서도 유료 버전을 사용할 경우, "심층 리서치(Deep research)" 기능을 사용할 수 있다. "심층 리서치"는 복잡한 주제를 분석하고 정보를 정리하는 리서치 특화형 AI 에이전트[4]로, 사용자의 목적에 따라 자료 수집, 비교, 요약, 해석까지 자율적으로 수행한다. 다만, '심층 리서치' 기능은 작업량에 따라 시간이 다소 소요될 수 있으며 사용 횟수에도 제한이 있다.

---

4) 일반 AI 모델이 단일 작업을 수행하는 도구라면, AI 에이전트는 사용자의 목적을 이해하고 자율적으로 작업을 수행하는 지능형 시스템이다.

【상황 설정】

먼저, 심층 리서치를 클릭한 후 아래와 같이 프롬프트를 입력하였다.

 '지우개가 달린 연필'에 대한 발명을 특허 출원하고자 해. 연필의 크기에 상관없이 지우개가 결합될 수 있도록 지우개 결합 부위를 연질 소재로 구성하였다. 특허청구항을 전문가의 수준에서 작성해 줘.

 ☞ 청구항 작성에 앞서 보다 구체적인 내용을 알 수 있을까요?
1. **연질 소재의 종류** (예: 실리콘, TPE 등)
2. **결합 구조의 형태** (예: 내부 돌기, 링 형태, 내경 자동 조절 구조 등)
3. **지우개와 연필이 결합되는 방식** (예: 끼움식, 나사결합, 자석 등)
4. **지우개 전체가 연질인지, 결합 부위만 연질인지**
5. **연필의 용도나 대상 시장** (예: 어린이용, 디자인 펜슬 등)
이 정보들이 있으면 더욱 정교하고 구체적인 청구항을 작성할 수 있습니다.

심층 리서치 기능을 사용할 경우, ChatGPT는 주제를 더 정확히 파악하기 위해 사용자의 질문에 대해 추가적인 사항을 되묻기도 한다. 사용자는 구체적인 정보가 있다면 추가로 제공할 수 있고, 특별한 요청이 없다면 그대로 진행해 달라고 답할 수도 있다.

예를 들어, 사용자가 "내경 자동 조절 구조", "나사 결합 구조", "지우개의 결합 부위만 연질"이라는 키워드로 리서치를 요청하면, ChatGPT는 이를 바탕으로 세부적인 분석 작업을 수행하게 된다. 참고로, 우측 사이드바를 통해 ChatGPT가 참고한 자료의 출처와 현재 어떤 작업을 수행 중인지도 확인할 수 있다.

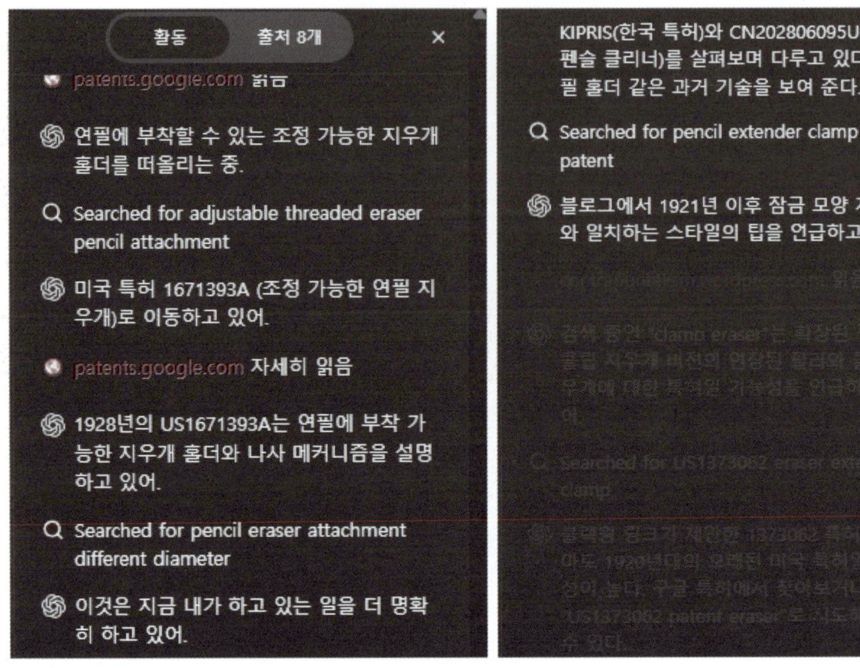

심층 리서치를 통한 청구항 작성 결과는 아래와 같다.

【청구항】

【청구항 1】

연필의 일단에 결합되는 지우개 구성에 있어서, 상기 지우개는,

- 연필의 일단에 끼워지는 **결합부**와,
- 상기 결합부로부터 연장되어 지우개 기능을 수행하는 **지우개 본체**를 포함하며,
- 상기 결합부는 **탄성력을 갖는 연질의 탄성 소재**로 형성되어,
- 연필의 직경에 관계없이 압착 또는 변형을 통해 다양한 크기의 연필에 결합 가능하도록 구성된 지우개.

【종속항 예시】

【청구항 2】

청구항 1에 있어서, 상기 연질의 탄성 소재는

실리콘, 열가소성 엘라스토머(TPE), 또는 고무 재질 중 적어도 하나를 포함하는 것을 특징으로 하는 지우개.

【청구항 3】

청구항 1에 있어서, 상기 결합부는

연필의 표면을 따라 일정 깊이 이상 삽입될 수 있도록 내측에 **리브(Rib) 또는 돌기**를 형성하여 **고정력을 향상**시킨 것을 특징으로 하는 지우개.

【청구항 4】
청구항 1에 있어서, 상기 지우개 본체는
결합부와 일체로 성형된 구조인 것을 특징으로 하는 지우개.

【청구항 5】
청구항 1에 있어서, 상기 연질 결합부는
원통형, 원추형 또는 절두원추형의 내측 공간을 가지며, 연필의 삽입 시 해당 구조가 **탄성 변형되며 고정**되는 것을 특징으로 하는 지우개.

심층 리서치 기능을 활용하면, 하나의 보고서처럼 선행기술 조사를 바탕으로 발명의 개요와 관련 기술을 상세히 설명해 준다. 또한, 기술 요소별로 선행 기술 사례와 본 발명을 비교한 표를 제시하여, 발명의 차별성과 핵심 특징을 한눈에 파악할 수 있다.

기술 요소	기존 기술 및 사례 (선행 특허 등)	본 발명의 특징	기술적 차별성
연질 소재 결합부	- 1860s 블레이 특허: 고무 지우개의 탄성으로 연필에 밀착 - 연필 지우개 캡: 연질 고무/실리콘으로 마찰 결합 - 금속 피울: 약간의 탄성 금속 슬리브 사용	- 연질 고무/플라스틱 재질의 결합부 사용 - 연필 코팅이나 흠집 없이 부드럽게 결합	연필 표준 지름 외에도 탄성 변형으로 범용성 확보, 연질 소재+고정력 기준 마찰 방식보다 견고
나사 결합 방식	- KR101616687B1: 수/암 나사산 형성 후 결합 - US1671393A: 지우개를 나사 회전으로 고정	- 결합부를 연필에 돌려서 체결 (나사식) - 별도 도구 없이 손으로 쉽게 결합/분리 - 진동이나 힘에도 풀리지 않는 고정력	연필 자체 구조 활용(도구 불필요), 연필+나사산 조합은 기존보다 도면 설계 단순

기술 요소	기존 기술 및 사례 (선행 특허 등)	본 발명의 특징	기술적 차별성
내경 자동 조절 기능	- 슬릿 튜브 홀더: 내경이 연필보다 작고 삽입 시 탄성 변형 - 연필 클램프 홀더: 나사 조여 다양한 직경 고정	- 나사 조임 + 연질부 압축으로 내경 변화 - 연필 크기에 따라 탈착력 자동 보정 - 사용자가 별도 조절하지 않아도 도구 적용성으로 작동	탄성부재의 자동 수축/이완+나사력 전달 동시에 구현되어 기존 대비 복합 동작 특성 우수

(5) 소결

결론적으로, ChatGPT를 활용하면 발명의 기본 구성과 핵심적인 특징(구성, 기능 등)을 포함한 청구항 초안을 신속하게 작성할 수 있다. 이를 기반으로 변리사는 청구항을 발전시키고 법적 요건에 맞게 보완하는 과정을 진행할 수 있으며, 나아가 추가적인 실시 예에 대한 아이디어를 얻는 데에도 유용하게 활용할 수 있다.

또한, ChatGPT를 활용하면 선행 특허와의 차별성을 분석하고, 기존 기술과 비교하여 보호 범위를 설정하는 과정에서 초안을 빠르게 수정할 수 있다. 특히, 기본적인 기계적 요소뿐만 아니라 복잡한 기술적 요소를 반영한 청구항을 설계하는 데에도 도움을 줄 수 있다.

다만, ChatGPT는 청구항 작성을 보조하는 도구로 활용할 수 있으며, 최종적인 청구항은 변리사의 판단을 통해 완성되어야 한다.

2. 발명의 설명 작성

특허 명세서에서 청구 범위(Claims)만큼이나 중요한 부분이 '발명의 설명(Description)'이다. 발명의 설명은 특허를 심사하는 심사관뿐만 아니라, 후속적으로 특허 침해 분쟁이 발생했을 때 특허 청구 범위의 해석 범위를 결정하는 핵심 요소가 된다. 따라서 명확하고 구체적으로 기술해야 하며, 발명의 본질과 실시 예를 충분히 뒷받침해야 한다.

이 경우에도 ChatGPT를 활용하면 발명의 설명을 신속하게 작성하는 데 유용하게 활용할 수 있다. 또한, 구체적인 실시 예나 변형 실시 예에 대한 아이디어를 얻을 수 있으며, 도면에 대한 설명도 자동으로 정리하도록 요청할 수 있다.

또한, 청구항 작성과 마찬가지로 "심층 리서치(Deep research)" 기능을 활용하면, 더 자세한 결과를 확보할 수 있다.[5]

전에 청구항을 작성하였던 '지우개가 달린 연필'과 관련하여, ChatGPT를 활용하여 발명의 설명을 작성해 보자.

한편, 발명의 설명은 특허청에서 정한 명세서 형식을 따르는 것이 바람직하므로 특허청 양식에 기반한 Word 파일을 첨부하고, 해당 양식의 목차 구조에 맞춰 작성해 달라고 요청하는 방식이 효과적이다.

이때 각 목차 항목별로 강조하고자 하는 작성 방향이나 초점을 함께 제시하면 더욱 구체적이고 실무적인 결과물을 얻을 수 있다.

예를 들어, '배경기술' 항목에서는 현재 기술이 가진 문제점과 그로 인해 새로운 기술이 필요한 이유를 중심으로 작성해 줄 것을 요청할 수 있다. 이와 같이 ChatGPT에 문서 구조 + 각 항목별 작성 지침을 함께 제시하면, 명세서 전체를 더욱 논리적이고 설득력 있게 구성하는 데 큰 도움이 된다.

【상황 설정】

 지우개 결합 부위를 연질 소재로 구성한 '지우개가 달린 연필'에 대해서 발명의 설명을 작성해 줘. 첨부된 청구 범위 및 파일의 양식을 참고해서 아래의 목차에 맞게 작성해 줘.[6]

목차
　1. 발명의 명칭

---

5) '심층 리서치' 기능은 청구항 작성 파트에서 설명한 내용을 그대로 적용할 수 있으므로 설명은 생략한다.

6) 참고로, 위 발명의 설명은 심층 리서치를 통해 도출된 청구항 1을 기반으로 작성된 것이다. 물론 종속항까

> 2. 기술 분야
> 3. 발명의 내용
> 4. 해결하고자 하는 과제
> 5. 과제의 해결 수단
> 6. 발명의 효과
> 7. 발명을 실시하기 위한 구체적인 내용

 ## 1. 발명의 명칭

연필의 직경에 관계없이 결합 가능한 연질 결합형 지우개

2. 기술 분야

본 발명은 필기구에 관한 것으로, 보다 구체적으로는 다양한 크기의 연필 단부에 결합 가능한 지우개에 관한 것이다. 특히, 지우개 결합부를 연질 탄성 소재로 형성함으로써 연필의 직경과 관계없이 자가 적응적으로 결합이 가능한 '지우개가 달린 연필'에 관한 기술이다.

3. 발명의 내용

본 발명은 연필의 직경이 다르더라도 하나의 구조로 지우개를 결합할 수 있도록 지우개 결합부를 연질의 탄성 소재로 구성하고, 압착 또는 변형에 따라 다양한 규격의 연필 단부에 대응 가능한 지우개 구조를 제공한다. 구체적으로, 본 발명의 지우개는 연필의 일단에 끼워지는 결합부와 상기 결합부로부터 연장되어 지우개 기능을 수행하는 지우개 본체로 이루어지며, 상기 결합부는 실리콘, 고무, 열가소성 엘라스토머(TPE) 등과 같은 탄성력을 갖는 연질 소재로 구성된다.

4. 해결하고자 하는 과제

기존의 지우개 결합 방식은 금속 페룰(ferrule) 또는 고정된 크기의 홀더를 사용하여 연필과 지우개를 결합하므로,

- 연필의 직경이 다르면 호환이 어렵고,
- 마모된 지우개의 교체가 불편하며,
- 사용 중 지우개가 헐거워지거나 이탈하는 문제가 발생한다.

또한, 일정한 규격의 연필에만 적용 가능하고, 제작 및 조립 공정상 유연성이 떨어진다는 한계가 있다. 이에 따라 연필의 규격에 상관없이 손쉽게 결합이 가능하고, 반복 사용 및 교체에도 안정성을 유지할 수 있는 지우개 구조가 요구된다.

5. 과제의 해결 수단

상기 과제를 해결하기 위한 본 발명의 지우개는,

- 연필의 일단에 삽입 또는 끼움 방식으로 결합되는 결합부를 포함하고,

지 모두 함께 첨부하면 발명의 기술적 특징을 보다 풍부하게 설명할 수 있으나, 본 설명에서는 간결한 이해를 돕기 위해 청구항 1만을 첨부하였다.

- 이 결합부는 연질의 탄성 소재(예: 실리콘, TPE 등)로 형성되어,
- 압착 또는 변형을 통해 다양한 직경의 연필에 자가 적응적으로 밀착 결합된다.

또한, 필요에 따라 결합부의 내부에 돌기(rib) 또는 요철 패턴을 형성하여 고정력을 더욱 강화할 수 있으며, 지우개 본체는 결합부와 일체 성형되거나 교체형으로 구현 가능하다.

6. 발명의 효과

본 발명에 따르면 다음과 같은 효과를 얻을 수 있다:

1. 연필의 직경과 관계없이 단일 구조로 호환 가능한 지우개 결합이 가능하다.
2. 지우개의 마모 또는 손상 시에도 간단한 분리 및 교체가 가능하다.
3. 별도의 금속 부품이나 나사 구조 없이도 안정적인 고정력을 확보할 수 있다.
4. 제조 공정이 단순화되고, 어린이용, 디자인용 등 다양한 연필 제품에 응용할 수 있다.
5. 결합부의 소재 선택과 구조 설계에 따라 사용자 맞춤형 제품 개발이 가능하다.

7. 발명을 실시하기 위한 구체적인 내용

본 발명의 실시 형태에 따른 지우개는 다음과 같은 구성으로 구체화될 수 있다:

- 지우개 결합부는 원통형 또는 원추형의 내측 공간을 가지며, 실리콘, 고무, TPE 등의 탄성 소재로 성형된다.
- 내측 구조에는 연필의 직경 변화에 대응할 수 있도록 돌기(rib)나 요철 패턴을 포함하여 마찰력을 증가시킨다.
- 사용자는 연필의 단부를 지우개 결합부에 삽입만 하면 되고, 결합부는 자동으로 연필을 감싸며 고정된다.
- 지우개 본체는 결합부와 일체로 성형되거나, 분리형으로 제작되어 교체형 제품으로 응용 가능하다.
- 제품의 전체 형태는 제조 목적과 사용 환경에 따라 다양한 디자인 및 재질로 변형될 수 있다.

다만, 위에서 확인한 바와 같이 ChatGPT를 활용하여 생성된 발명의 설명은 실무적으로 작성되는 특허 명세서의 형식이나 깊이 있는 서술 수준에는 미치지 못하는 한계가 있다. 특히, 실제 명세서 작성 시에는 발명의 실시 예, 기술적 구현 방법, 도면 설명 등 다양한 요소를 구체적으로 포함해야 하며, 이는 단순 텍스트 생성만으로는 충분하지 않다.

따라서 보다 완성도 높은 발명의 설명을 얻기 위해서는 과거에 작성한 실제 명세서 파일이나 특허 청구 범위를 함께 첨부하여, ChatGPT가 그 구조와 문체를 학

습하고 이에 맞춰 생성할 수 있도록 하는 것이 바람직하다. 또한, 청구 범위와 마찬가지로 발명의 설명 역시 특허법상의 기재 요건[7]을 충족해야 하므로 ChatGPT가 작성한 초안을 활용하더라도 최종적으로는 변리사의 검토와 보완을 거쳐야 한다.

이러한 협업 방식은 시간과 리소스를 절감하면서도 법적 안정성과 기술적 완성도를 모두 확보할 수 있는 현실적인 접근이 될 수 있다.

3. 결론 및 시사점

지금까지 ChatGPT를 활용하여 청구 범위 및 발명의 설명 작성을 수행하며, 이를 효과적으로 활용하는 방법을 살펴보았다. ChatGPT는 발명의 개요, 기술 구성, 실시 예, 선행기술과의 차별성 등을 체계적으로 정리해 주므로 특허 명세서 초안을 신속하게 작성하는 데 유용한 도구로 활용될 수 있다.

특히, ChatGPT는 청구항 작성 시 발명의 핵심 요소를 명확히 정리하고, 다양한 실시 예를 포함하도록 요청할 수 있으며, 선행기술과의 차별성을 강조하는 방식으로 청구 범위를 확장하는 데 도움을 줄 수 있다. 또한, 발명의 설명을 작성할 때는 기술 분야, 배경기술, 발명의 개요, 구성 요소 및 효과를 논리적으로 정리할 수 있으며, 도면 설명까지 자동으로 생성할 수 있다는 장점이 있다.

그러나 ChatGPT가 생성하는 초안은 특허법상의 기재 요건을 완벽히 충족하는 것이 아니므로 변리사의 검토와 보완이 반드시 필요하다.

특허법은 청구항 및 발명의 설명 작성에 대해 별도의 법적 요건을 부과하고 있으며(특허법 제42조 제3항 및 제4항 참조), 청구항의 문구나 표현 방식은 특허 보호 범위에 직접적인 영향을 미친다. 따라서 ChatGPT가 제공한 초안을 참고하되, 반드시 전문적인 법적 해석을 추가하는 과정이 필수적이다.

결국 ChatGPT는 특허 명세서 초안을 신속하게 작성하고 다양한 아이디어를 얻

---

7) 특허법 제42조 제3항 및 제4항 등

는데 강력한 보조 도구로 활용될 수 있지만, 최종적인 청구항 및 명세서의 완성도는 변리사의 전문적인 판단에 달려 있다. 따라서 ChatGPT를 특허 업무의 효율성을 높이는 보조 수단으로 활용하되, 법적 검토 및 심층적인 전략 수립은 전문가의 역할이라는 점을 항상 염두에 두어야 한다.

특허 심사 대응

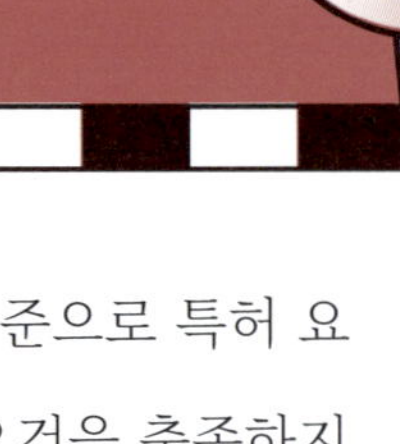

앞서 작성한 특허 명세서를 특허청에 제출하면 심사관은 이를 기준으로 특허 요건을 심사하게 된다. 심사 후, 심사관은 해당 발명이 어떠한 특허 요건을 충족하지 못하는지에 대한 거절 이유를 통지하며, 출원인은 이에 대해 보정이나 의견서를 제출하여 대응하게 된다.[8]

특허 심사 과정에서 거절 이유를 효과적으로 분석하고 대응하는 것이 중요하며, 이 과정에서도 ChatGPT를 유용하게 활용할 수 있다.

심사관이 발행한 거절 이유 통지는 법률적·기술적 내용이 복잡할 수 있으며, 핵심적인 문제를 파악하는 것이 중요하다.

【상황 설정】

A씨는 '지우개가 달린 연필'에 대한 특허를 출원하였으나, 심사관으로부터 거절 이유 통지서를 받았다. 심사관이 발행한 거절 이유 통지 문서를 함께 업로드하게 되면, 주요 거절 이유 및 관련 법 조항, 인용된 선행기술과 거절 이유를 세부적으로 분석하여 요약해 준다.

이에 A씨는 ChatGPT를 활용하여 "다음 특허 거절 이유 통지서를 요약하고, 심사관이 제시한 주요 거절 사유를 정리해 줘."라고 요청해 보았다.

---

8) 특허 출원 과정에서 거절 이유 통지를 받는 것은 일반적인 절차 중 하나이다.

<결과물 목차 예시>
1. 출원 정보
2. 주요 거절 이유 및 관련 법조항
3. 인용된 선행기술

【상황 설정】

A씨는 ChatGPT에 출원서, 거절 이유 통지서, 그리고 인용 발명들에 대한 문서를 함께 업로드한 후, 선행 발명과의 차별점을 요약해 달라고 요청하였다.

그러면 ChatGPT는 표를 활용하여 선행 발명과 출원 발명의 차이점을 깔끔하게 분석하고, 이에 대한 대응 방안까지 함께 제시해 준다.

<결과물 목차 예시>
1. 출원 발명의 핵심 특징
2. 인용 발명들과의 비교 분석 [9]
3. 주요 차이점 정리
4. 거절 이유 극복 전략
   - 진보성 인정 논리
   - 의견서 및 보정서 작성 방향

가장 빠른 방법은 출원서, 거절 이유 통지서, 인용 발명들의 문서, 그리고 과거에 작성한 의견서 및 보정서를 함께 업로드한 후, "첨부된 의견서 및 보정서의 양식에 맞추어 새로운 의견서 및 보정서를 작성해 달라"고 요청하는 것이다.

이 방법을 통해 실제 특허청 제출 양식에 부합하는 결과물을 빠르게 얻을 수는 있지만, ChatGPT가 생성한 문서는 기술적 세부 사항이나 법적 요건에 있어 부정확하거나 누락된 부분이 존재할 수 있다. 따라서 작성된 초안은 단순 참고 자료로 활용하되, 최종 제출 전에는 반드시 변리사 등 전문가의 면밀한 검토와 보완 과정을 거쳐야 한다.

특허 심사 대응 과정에서도 ChatGPT를 효과적으로 활용하려면, 단순한 질문을 던지는 것에 그치지 않고 원하는 방향과 수준에 맞는 적절한 프롬프트를 구성하는

---

9) 표를 활용하여 정리해주므로, 인용 발명과의 차이점을 한눈에 쉽게 파악할 수 있다.

것이 매우 중요하다. 보다 구체적이고 실질적인 전략을 얻고자 한다면, 아래와 같은 방식으로 프롬프트를 설계하여 입력하는 것이 효과적이다.

<프롬프트 예시>
1. 선행기술과 차별점 분석
"인용 발명들과 비교하여 출원 발명의 차별점을 정리해 줘."
"거절 이유를 극복할 수 있도록 차별성을 강조하는 의견서 초안을 작성해 줘."

2. 새로운 실시예 추가 및 보정 청구항 작성
"기존 청구항을 유지하면서, 선행기술과 차별화할 수 있는 새로운 실시예를 제안해 줘."
"거절 이유를 극복할 수 있도록 청구항을 보정하는 보정서 초안을 작성해 줘."

3. 기술적 효과 강조
"출원 발명의 기술적 효과를 극대화할 수 있도록 의견서를 작성해 줘."
"인용 발명과의 기술적 차이를 논리적으로 정리해 줘."

특허 심사 대응은 특허 등록을 위해 심사관과 의견을 교환하는 특허 출원 절차의 중요한 단계이다. 따라서 심사관을 설득할 수 있는 논리적 구조를 마련하는 것이 핵심이며, 특히 ChatGPT를 활용하면 전문가들도 간과할 수 있는 차별점을 확인하는 데 도움이 될 수 있어 더욱 효과적이다.

또한, ChatGPT를 활용하면 보정서 및 의견서 초안을 신속하게 작성할 수 있으며, 다음과 같은 프롬프트를 입력하여 직접적으로 요청할 수 있다.

- 거절 이유 통지서를 기반으로 의견서 초안을 작성해 줘.
- 기존 청구항을 수정하여 보정서를 작성해 줘.

이러한 방식을 활용하면 특허 심사 대응 과정에서 논리적인 반박과 차별성을 강조하는 문서를 보다 빠르고 효율적으로 준비할 수 있다. 다만, ChatGPT가 작성한 문서는 우리나라 특허법상의 기재 형식과 완전히 일치하지 않을 수 있으므로, 반드시 전문가의 검토를 거쳐 대응하는 것이 바람직하다.

ChatGPT는 심사관이 발행한 거절 이유 통지서를 분석하고 요약하는 데 그치지 않고, 변리사의 핵심 업무인 의견서 및 보정서의 논리를 개발하는 데에도 실질적인 도움을 줄 수 있다.

특허 심사에서 가장 빈번하게 발생하는 거절 이유는 단연 진보성 부족이다. 이는 심사관이 "출원된 발명이 기존의 기술(인용 발명)들을 조합하면 해당 분야의 통상의 기술자가 쉽게 생각해 낼 수 있다"라고 판단하는 경우이다.

이때 ChatGPT는 심사관의 논리를 반박하고 우리 발명의 독창성을 주장하는 의견서의 핵심 논리를 개발하는 데 강력한 조력자가 될 수 있다.

【상황 설정】

3장에서 작성했던 '지우개가 달린 연필' 특허를 출원했다고 가정해 보자.

출원 발명: 연필의 크기에 상관없이 결합되도록 '연질 소재(실리콘)'로 지우개 결합 부위를 구성한 연필.

심사관의 거절 이유:

 - 인용 발명 1: 연필 끝에 '금속 페룰(테)'을 이용해 지우개를 기계적으로 고정한 하이먼 립먼의 특허.

 - 인용 발명 2: 필기감을 향상시키기 위해 연필 몸통에 끼우는 '고무 그립(손잡이)' 특허.

심사관의 논리: "인용 발명 1(금속 페룰)에 인용 발명 2(고무 그립)에 개시된 '연질 소재(고무)'를 결합 부위에 적용하는 것은 통상의 기술자가 쉽게 시도할 수 있는 단순한 설계 변경에 불과하므로 진보성이 부정된다."

이러한 상황에서, 심사관의 논리를 반박하고 우리 발명의 차별성을 강조하는 의견서 논리 초안을 ChatGPT에 요청할 수 있다.

특허 의견서를 작성해야 해. 내 발명은 '연질 소재 결합부'를 가진 지우개 연필이야. 심사관이 '금속 페룰 특허(인용 발명 1)'와 '고무 그립 특허(인용 발명 2)'를 결합하면 쉽게 만들 수 있다고 진보성을 부정했어. 심사관의 논리를 반박하는 의견서 논리 초안을 작성해 줘. 특히 '결합의 곤란성'과 '현저한 효과'를 중심으로.

 **인용 발명 간의 결합 곤란성 (목적의 차이)**

인용 발명 1(금속 페룰)의 목적은 지우개를 연필에 '**단단하고 영구적으로 고정(rigid fixing)**'하는 데 있다. 금속 소재는 이러한 목적에 부합한다.

인용 발명 2(고무 그립)의 목적은 사용자가 연필을 쥘 때 '**미끄럼을 방지(non-slip)**'하고 '편안한 필기감'을 제공하는 데 있다.

심사관은 두 기술의 '연질 소재'라는 표면적 공통점만 보았으나, 인용 발명 1의 '단단한 고정'이라는 목적과 인용 발명 2의 '유연한 그립감'이라는 목적은 서로 **상충(trade-off)**된다. 통상의 기술자라면 단단한 고정을 위해 연질 소재를 사용하려는 기술적 동기를 갖기 어렵다.

본 발명의 현저한 효과 (예측 불가능한 효과)

설령 두 기술을 결합한다고 해도, 본 발명이 이룩한 다음과 같은 현저한 효과를 예측할 수 없다.

(효과 1) 범용 호환성: 본 발명은 결합 부위가 '연질 소재'로 되어 있어 탄성적으로 변형된다. 따라서 다양한 직경이나 형태(원형, 육각형 등)의 연필에 모두 사용할 수 있는 '범용 호환성'이라는 새로운 효과를 달성했다. 이는 특정 규격의 연필에만 맞는 인용 발명 1에서는 상상할 수 없는 효과이다.

(효과 2) 제품 손상 방지: 인용 발명 1의 금속 페룰은 연필 몸체를 압착하여 고정하므로 연필에 흠집을 내지만, 본 발명은 연질 소재의 마찰력으로 고정되어 연필 몸체에 어떠한 손상도 주지 않는다.

(효과 3) 생산 공정 단순화: 금속 페룰을 압착하는 복잡한 공정과 달리, 본 발명은 연질 소재를 사출 성형하여 끼우기만 하면 되므로 생산 공정이 획기적으로 단순화되고 비용이 절감된다.

결론: 따라서 본 발명은 인용 발명 1, 2와 목적이 상이하여 결합 동기가 희박하며, 설령 결합하더라도 '범용 호환성' 및 '제품 손상 방지'라는 예측 불가능한 현저한 효과를 가지므로 진보성이 인정되어야 한다.

의견서의 논리만으로 심사관을 설득하기 부족하다고 판단될 경우, 청구항의 권리 범위를 좁혀 거절 이유를 회피하는 보정서를 함께 제출해야 한다.

【상황 설정】

위의 진보성 거절 이유를 확실하게 극복하기 위해, 청구항에 '현저한 효과(범용 호환성)'가 드러나도록 구체적인 구조를 추가하여 보정하기로 결정했다.

보정 전 청구항 1: "…상기 지우개 결합 부위가 연질 소재로 형성된 것을 특징으로 하는…."

위의 진보성 거절이유를 극복하기 위해 청구항 1을 보정하려고 해. '다양한 직경의 연필에 호환'되는 특징과 '금속 페룰과 다른 고정 방식'이 잘 드러나도록 청구항 1의 보정안을 작성해 줘.

[청구항 1 (보정안)]
"연필의 단부에 지우개가 결합된 연필에 있어서, 상기 지우개는, 연필의 직경 변화에 대응하여 탄성적으로 변형 가능한 '중공(中空)의 슬리브(sleeve)' 형태로 이루어진 연질 소재의 결합 부위를 포함하고, 상기 결합 부위는 별도의 기계적 고정 수단 없이, 그 내주면의 마찰력에 의해서만 상기 연필의 단부에 착탈 가능하게 결합되는 것을 특징으로 하는 지우개가 달린 연필."

[보정의 이유 (의견서 내용)]
"본 보정안은 '연질 소재'를 '중공의 슬리브' 형태로 구체화하고, 고정 방식을 '내주면의 마찰력에 의해서만'으로 한정하였습니다. 이로써, (1) 금속 페룰로 기계적 압착하는 인용 발명 1과 명확히 구별되고, (2) '탄성적 변형' 및 '착탈 가능'이라는 문구를 통해 '범용 호환성' 효과를 달성함을 명확히 하였으므로 거절이유가 해소되었습니다."

진보성 외에도 자주 받는 거절 이유는 '기재불비'이다. 이는 청구항의 용어가 불명확하거나(특허법 제42조제4항제2호), 발명의 설명이 부족한 경우(동조 제3항)이다.

【상황 설정】

심사관이 "청구항 1의 '연질 소재'라는 용어는 그 범위가 너무 넓어(예: 젤리, 스펀지 등도 포함되는지?) 발명의 범위가 불명확하다"라는 기재불비 거절 이유를 통지했다.

심사관이 '연질 소재'라는 용어가 불명확해서 기재불비 거절이유를 보냈어. (1) 이 용어가 불명확하지 않다는 의견서 논리와, (2) 만약을 대비해 이 용어를 명확하게 한정하는 보정안을 동시에 작성해 줘.

1부
2부
3부
4부

(1) 의견서 논리 (보정 없이 주장할 경우)

" '연질 소재'는 본 발명이 속하는 문구류 및 필기구 기술 분야에서 통상의 기술자가 '실리콘(Silicone)', '열가소성 엘라스토머(TPE)', '고무(Rubber)' 등과 같이 탄성을 가진 고분자 재료를 의미함을 충분히 이해할 수 있습니다. 이는 기술적으로 매우 상식적인 용어이며, 발명의 설명에도 이러한 재질이 기재되어 있으므로(3장 예시 참조) 불명확하다고 할 수 없습니다."

(2) 보정서 방안 (한정을 통한 거절이유 해소)

"다만, 심사관의 지적을 반영하여 발명의 범위를 더욱 명확히 하기 위해 다음과 같이 보정합니다."

[청구항 1 (보정안)]

"연필의 단부에 지우개가 결합된 연필에 있어서, 상기 지우개 결합 부위가 실리콘, 열가소성 엘라스토머(TPE), 및 고무로 이루어진 군(群)에서 선택되는 어느 하나의 연질 소재로 형성된 것을 특징으로 하는 지우개가 달린 연필."

5장

특허 기술 동향 분석

1. 기술 동향 분석의 필요성

 기술 동향 분석은 기업이나 연구자가 기술 개발 전략을 수립할 때 반드시 필요한 과정이다. 특히 IP 전략 측면에서는 경쟁사의 기술 포트폴리오, 신규 기술 트렌드, 시장 진입 가능성 등을 파악하기 위한 핵심 수단으로 활용된다. 특허는 공개된 기술 정보이므로, 방대한 특허 데이터를 분석하면 특정 기술 영역의 발전 흐름을 체계적으로 파악할 수 있다.

 이러한 분석을 수작업으로 수행하기 위해서는 막대한 시간과 자원이 소요되며, 정보의 누락이나 분석의 편향이 발생할 위험도 있다. 따라서 최근에는 ChatGPT를 활용하여 특허 데이터를 요약하고 정리하거나, AI 기반 기술 동향 분석 툴과의 조합을 통해 보다 효율적으로 기술 동향을 파악하고 있다.

2. ChatGPT를 활용한 키워드 기반 분석

【상황 설정】

A 기업의 IP 담당자는 '수소차 연료전지' 관련 분야에 대한 기술 동향을 파악하고, 자사 연구개발 전략 수립에 반영하고자 한다. 그는 ChatGPT에 다음과 같이 요청하였다.

수소차 연료전지 관련 기술의 최근 5년간 기술 동향을 분석해 줘. 주요 키워드나 핵심 기술 분류 기준도 함께 알려 줘.

① 주요 키워드 제시
- PEMFC (고분자 전해질 연료전지)
- 수소 저장 기술 (Hydrogen Storage)
- 촉매 기술 (Platinum-based catalyst)
- 수분 및 열관리 (Water and thermal management)
- 고내구성 분리막 (Durable membrane materials)

② IPC 분류 기준 안내
- H01M 8/00: 연료전지의 일반적 구조
- H01M 4/86: 전극, 촉매
- B60L 11/18: 연료전지를 사용하는 전기차
- C01B 3/00: 수소 제조

③ 연도별 기술 흐름 요약 (예시)

연도	주요 기술 트렌드	특징 요약
2020	고출력 스택 개발	전기차 주행거리 확대 목적
2021	수소 저장 소재 경량화	차량 중량 감소 및 효율 개선
2022	촉매 비용 절감	백금 대체 촉매 연구 활발
2023	저온 시동성 개선	북유럽·중국 겨울 시장 대비
2024	수분 관리 스마트센서	열·습도 제어 정밀도 강화

ChatGPT는 위와 같이 기술 요소별 정리, 연도별 트렌드 정리, 기술 분류코드 안내, 핵심 키워드 제시를 통해 기술 동향 분석의 초안을 구성해 준다. 이 정보를 기반으로 WIPS ON이나 키워트 등의 분석 툴에서 데이터 시각화 및 경쟁사 출원

현황을 접목하면 완성도 높은 기술 보고서를 만들 수 있다.

3. 공개 특허 DB 연계

공개된 특허 데이터를 기반으로 ChatGPT와 연계하여 분석하는 방식도 활용 가능하다. 예를 들어, WIPS ON, KEYWERT, Google Patents 등에서 수집한 특허 데이터를 바탕으로 ChatGPT에 요약 정리를 요청하면, ChatGPT는 각 특허의 서지 정보와 발명 요약을 추출하여 비교표 형태로 구성할 수 있으며, 이는 추후 정량 분석 및 시각화 작업을 위한 기초 자료로도 활용될 수 있다.

ChatGPT는 기술 주제에 따라 "시간 흐름에 따른 트렌드 분석" 요청도 가능하다. DB에서 수집한 다수의 특허 데이터를 첨부하여 시간 흐름에 따른 트렌드 분석을 요청할 수 있다.

【상황 설정】

 첨부한 특허 30건을 연도별로 정리해서, 기술 진화 흐름을 보여 주는 시계열 분석 틀을 제안해 줘.

ChatGPT는 첨부된 다수의 특허 데이터를 연도별로 분류하고, 해당 기간 동안의 핵심 키워드 등장 빈도, 주요 출원인의 변화 추이, 기술 세분화의 흐름 등을 분석하여 보여 주므로 시계열 기반의 기술 진화 양상을 파악하는 데 유용하다. 이를 통해 특정 기술 분야에서 어떤 기술이 언제부터 활성화되었는지 또는 어떤 기업이 언제부터 주도적으로 출원했는지 등을 시각화 가능한 형태로 정리할 수 있다.

4. ChatGPT를 활용한 특허 포트폴리오 분석

키워드 기반의 거시적 분석에서 더 나아가, ChatGPT는 특정 경쟁사의 특허 포트폴리오를 심층 분석하여 연구개발 전략을 도출하는 데에도 강력하게 활용될 수 있다.

【상황 설정】

A 기업의 IP 담당자가 경쟁사 B의 '폴더블 디스플레이' 관련 최근 3년간 등록 특허 50건의 전문을 입수했다고 가정하자. 과거에는 이 50건의 방대한 특허 문헌을 실무자가 일일이 읽고 분석해야 했지만, 이제는 ChatGPT에 해당 파일들을 업로드한 후 다음과 같은 분석을 요청할 수 있다.

 첨부된 50개 특허 전문을 분석하여, 다음 항목을 포함하는 경쟁사 동향 보고서 초안을 작성해 줘.
1. 핵심 기술 분야 (주요 IPC 및 기술 키워드)
2. 가장 집중적으로 해결하려는 기술적 문제점 및 해결 과제
3. 주력 발명자 및 핵심 발명자 그룹
4. 이 포트폴리오에서 발견되는 공백 기술이나 다음 연구개발 방향 예측

 **1. 핵심 기술 분야:** 총 50건 중 30건(60%)이 힌지의 기계적 내구성에 집중되어 있으며, 특히 '다축 힌지' 및 '물방울 구조' 관련 특허가 다수임.

2. 주요 기술 과제: 특허들이 공통적으로 해결하려는 과제는 디스플레이의 '주름 최소화'와 '외부 충격 흡수'로 식별됨.

3. 주력 발명자: 김○○ 연구원 그룹(5건)이 힌지 구조 설계를 주도하고 있으며, 박○○ 연구원 그룹(3건)은 유티지의 접착 소재 관련 특허를 출원 중임.

4. 공백 기술 예측: 경쟁사 B의 현재 포트폴리오는 하드웨어적 내구성에 집중되어 있음. 반면, '디스플레이 주름을 소프트웨어적으로 보정하는 알고리즘'이나 '유티지 소재 자체의 경도'에 대한 특허는 상대적으로 부족함이 발견됨.

이러한 분석은 IP 담당자가 경쟁사의 강점을 회피하고 약점을 공략하는 연구개발 전략을 수립하거나, 차세대 기술을 선점하는 데 결정적인 단서를 제공한다.

5. '페이턴트 맵' 작성 보조

특허 기술 동향 분석에서 페이턴트 맵은 핵심적인 도구이다. 페이턴트 맵은 특허 데이터를 시각적으로 표현하여 특정 기술 분야의 공백 영역과 집중 영역을 직관적으로 파악하는 분석 도구이다.

전통적으로 페이턴트 맵은 방대한 데이터를 분류하는 데 많은 시간이 소요되었으나, ChatGPT는 이 작업의 효율을 획기적으로 높일 수 있다. 특히 페이턴트 맵의 '가로축'과 '세로축'을 정의하고, 수백 건의 특허를 각 칸에 분류하는 작업을 효과적으로 지원한다.

【상황 설정】

앞서 살펴본 '수소차 연료전지' 관련 특허 100건을 분석하여 페이턴트 맵을 작성한다고 가정해 보자.

> 수소차 연료전지 기술의 핵심 구성 요소 5가지와, 이 기술이 해결하려는 핵심 문제점 5가지를 추천해 줘.

> **가로축(핵심 구성 요소):** (1) 전극, (2) 촉매, (3) 분리막, (4) 스택 구조, (5) 수소 저장 장치
> **세로축(핵심 문제점/효과):** (1) 비용 절감, (2) 내구성 향상, (3) 효율 증대, (4) 저온 시동성, (5) 소형화

이렇게 5x5 매트릭스(총 25칸)가 정의되면, 수집한 100건의 특허 파일(또는 요약문)을 ChatGPT에 업로드하여 분류를 요청한다.

> 첨부된 100개 특허를 방금 정의한 5×5 매트릭스의 해당 칸에 분류해 줘. (특허 번호, 가로축, 세로축) 형태로 정리해 줘.

> (KR 10-2023-0001234) → (촉매, 비용 절감)
> (KR 10-2023-0001235) → (분리막, 내구성 향상)
> (KR 10-2023-0001236) → (스택 구조, 소형화)
> … (100건 완료)

실무자는 이 분류 데이터를 엑셀 등의 시각화 도구에 입력하기만 하면, 어느 칸에 특허가 집중되어 있고(예: 촉매-비용 절감), 어느 칸이 비어있는지(예: 수소 저장-저온 시동성) 한눈에 파악할 수 있는 페이턴트 맵을 완성할 수 있다. 이는 기업이 신규 연구개발 예산을 어디에 투입해야 할지 결정하는 핵심 근거 자료로 활용될 수 있다.

6. 소결

ChatGPT는 기술 동향 분석의 초석이 되는 데이터 정리, 키워드 추출, 분류 코드 제안 등에 유용한 도구다. 특히 특허 데이터를 요약하고 정리하는 작업을 빠르게 수행할 수 있어 실무자의 분석 시간과 노력을 크게 절감해 준다.

예를 들어, 키워드 정리, IPC 코드 분류 요청 시 GPT는 비교적 정확한 분석 틀을 제시할 수 있으며, 첨부된 데이터를 '표 형식', '카테고리별 분류', '연도별 정리' 방식으로 요약 요청하면 효율적인 결과물을 도출할 수 있다.

다만, ChatGPT가 제안한 분석 결과는 그대로 보고서로 활용하기보다는 실무자의 검토 및 재구성 과정을 거쳐야 신뢰도 높은 자료로 완성될 수 있다. 또한, 분석의 정밀도나 업계 동향 해석은 여전히 실무자의 전략적 판단이 중요하므로 AI 도구는 보조적 수단으로 활용하되, 핵심 분석은 전문가의 통찰을 바탕으로 수행하는 것이 바람직하다.

특허 분쟁 지원

1. 특허 분쟁에서 AI의 역할

특허 분쟁은 복잡한 법률적 해석과 기술적 비교가 필요한 고난이도의 업무로, 상당한 시간과 리소스를 요구한다. 이러한 분쟁 상황에서 ChatGPT는 문서 분석과 요약, 무효 자료 탐색, 차이점 정리, 대응 논리 구성 등의 영역에서 빠르고 직관적인 보조 역할을 수행할 수 있다.

실제로 제품을 판매하거나 서비스를 제공하던 중 갑작스럽게 특허 침해 경고장을 받거나 소송에 휘말리는 상황은 기업 입장에서는 매우 당혹스럽고 부담스러운 일이 아닐 수 없다. 이러한 경우 해당 특허에 대해 비침해 논리를 검토하거나, 그 특허 자체의 무효 가능성에 대한 조사 및 분석이 병행된다.

이러한 대응 과정은 단순한 분쟁 대응을 넘어서 제품의 판매 지속 여부, 나아가 기업의 사업 존속과 향후 확장 전략에도 중대한 영향을 미칠 수 있으므로 정확하고 신속한 판단과 대응이 필수적이다.

특허권자의 특허 청구 범위와 침해자의 침해 제품 간의 세부 대응 관계를 분석하고 대비표를 작성하는 작업은 여전히 실무자의 전문적인 판단이 필요한 영역이다. 하지만 그 대비표를 바탕으로 의견서나 답변서의 초안을 구성하거나, 핵심 논점을 정리하고 논리적 흐름을 문장화하는 작업은 ChatGPT와 같은 AI의 도움을 통해 효율적으로 진행할 수 있다.

GPT는 기존 문서의 구조와 주장을 빠르게 파악하고 문서 형식에 맞는 문장 구성 또는 기술 간 차이점을 조목조목 정리하는 작업에 강점을 가지므로, 초안 작성 단계에서는 실무자의 작업 시간을 상당 부분 절감할 수 있을 것이다.

2. 침해 여부에 대한 판단

만약 특허권자로부터 경고장을 받거나 침해 소송이 제기된 경우, 가장 먼저 해야 할 일은 법률 전문가나 변리사를 찾아 전문적인 조언을 구하는 것이다.

다만, 본격적인 법적 대응에 앞서 자신이 판매하거나 제조하는 제품이 특허권자의 특허를 침해하는지 여부를 간단히 1차적으로 판단해 보는 것도 가능하다. 이를 위해서는 우선 특허 청구 범위[10](Claims)를 검토하고, 자신이 취급하는 제품의 구성 요소를 청구항의 각 구성 요소에 대비해 보는 작업이 필요하다.

그러나 보통 전문 지식이 없는 경우에는 제품의 세부 구성을 청구항의 구성 요소에 맞추어 정확히 대응시켜 나열하는 것 자체가 쉽지 않은 일이다. 이러한 경우, 일단 ChatGPT를 활용하여 특허 청구 범위의 주요 구성 요소들을 간결하고 명확하게 목록화해 달라고 요청할 수 있다. 이렇게 추출된 구성 요소 리스트를 바탕으로, 자신의 제품과의 비교 작업을 조금 더 체계적이고 수월하게 진행할 수 있다.

【상황 설정】

생활용 가습기를 제조·판매하던 A씨는 어느 날 특허권자 B로부터 특허 침해 경고장을 받게 되었다.

A씨는 경고장에 적혀 있는 특허와 자신이 판매하는 가습기 제품이 실제로 침해

---

10) 특허 청구 범위는 발명의 보호 범위를 결정하는 기준이 되므로(특허법 제97조 참조), 침해 여부는 청구 범위의 기재 내용을 중심으로 판단하여야 한다.

에 해당하는지 여부를 우선 스스로 파악해 보고자 한다.

A씨는 우선 ChatGPT에 특허 청구 범위의 구성 요소를 간단하게 나열해 달라고 요청한 뒤 자신의 제품 구성을 대비해 보는 방식으로 침해 여부를 초기에 1차 검토해 볼 수 있다.

<프롬프트 예시>
아래에 제시하는 특허 청구항과 내가 판매하는 제품의 구성을 비교할 수 있도록 청구항 구성 요소별로 대응 가능한 제품의 구성 파악을 도와줘. 제품 설명은 뒤에 따로 제공할게.

[특허청구항 예시]
물탱크, 초음파 진동자를 포함하며, 상기 초음파 진동자는 물탱크의 저면에 부착되어 있으며, 진동을 통해 물을 미세 입자로 분해하여 분사하는 것을 특징으로 하는 가습기.

구성 요소 번호	청구항 구성 요소	기능 또는 요구사항 요약
[1]	물탱크	수분 저장을 위한 구조물. 필수 구성 요소
[2]	초음파 진동자	진동을 생성하는 장치
[3]	초음파 진동자가 물탱크의 저면에 부착됨	물탱크의 '아래쪽 표면'에 직접 부착되어 있어야 함.
[4]	진동을 통해 물을 미세 입자로 분해	진동에 의해 직접적으로 물을 분무 형태로 분해하는 구조 필요
[5]	분사하는 것을 특징으로 함	가습기로서 외부로 분무되는 결과가 발생해야 함.

이처럼 ChatGPT는 특허 청구항을 구성 요소별로 분해하여 각 요소가 요구하는 구조와 기능을 명확히 설명해 주기 때문에 특허 실무에 익숙하지 않은 비전문가도 청구항의 기술적 범위를 쉽게 이해할 수 있다.

이를 통해 사용자는 제품과의 대응 여부를 스스로 비교해 보며, 복잡한 법률이나 기술 지식 없이도 침해 가능성을 1차적으로 점검할 수 있는 실용적인 기반을 마련할 수 있다.

다음 단계에서 A씨는, 자신이 제조·판매 중인 제품의 구체적인 구성을 ChatGPT에 입력함으로써 앞서 분석된 청구항 구성 요소와 자사 제품 사이의 대응 관계를 직접 비교해 볼 수 있다.

[자사 제품 구성]
- 물탱크는 존재합니다.
- 초음파 진동자는 물탱크 내부가 아닌 본체 하단부 외부에 위치해 있으며, 물과 직접 접촉하지 않고, 금속판을 통해 진동이 간접적으로 전달됩니다.
- 물의 분사 방식은 팬을 통해 위쪽으로 이루어지며, 초음파 진동자는 단지 진동원일 뿐입니다.

이런 경우, 저희 제품이 위 특허 청구항을 실질적으로 침해하고 있을까요?

제공해 주신 자사 제품 설명을 기준으로, 해당 특허 청구항(물탱크, 초음파 진동자가 물탱크의 저면에 부착되어 있으며, 진동을 통해 물을 미세 입자로 분해하여 분사하는 가습기)을 구성 요소별로 비교하고, 침해 여부를 검토해보겠습니다.

구성 요소	청구항의 요구 내용	자사 제품 구성	대응 여부	비고
① 물탱크	수분을 저장하는 구조	있음	충족	해당 구성 존재
② 초음파 진동자	물탱크의 **저면에 부착**되어 있어야 함	물탱크 **외부에** 설치됨	불충족	위치 다름 (외부 vs 내부)
③ 진동 전달 방식	진동자가 **직접** 물을 미세 입자로 분해	물과 **직접 접촉하지 않음**, 금속판을 통해 간접 전달	불충족	작용 원리 다름
④ 분사 방식	물을 미세 입자로 **분사**	팬을 통해 위로 분사되며, 진동자는 보조 역할	유사하나 구체적 작용 다름	작용 효과의 차이 있음

제공된 정보에 따르면, 귀사의 제품은 청구항의 핵심 구성 요소 일부를 포함하지 않거나, 그 작용 방식이 실질적으로 상이하기 때문에 직접 침해에 해당하지 않을 가능성이 높습니다.

또한, 균등론이 적용되더라도 구성·작용·효과의 상당한 차이가 존재하므로 비침해 주장을 구성할 여지가 충분합니다.

단, 최종 판단은 실제 청구항의 전체 구조와 문언, 특허 공보의 기재 내용, 그리고 제품의 상세 구조를 종합적으로 고려하여 이루어져야 하므로 전문가의 자문을 받는 것이 바람직합니다.

ChatGPT의 가장 큰 장점은, 복잡한 특허 청구항을 구성 요소별로 풀어 내고 이를 기준으로 제품과의 대응 여부를 검토할 수 있는 간단하고 명확한 판단의 틀을 제공한다는 점이다.

사용자는 이 틀을 활용해 각 구성 요소를 하나씩 점검하면서 침해 가능성을 구조적으로 살펴볼 수 있으며, 막연한 추측이 아닌 논리적 비교에 기반한 사전 판단이 가능해진다.

다만, 이러한 분석은 어디까지나 1차적인 참고 도구일 뿐이며, 침해 여부에 대한 법적 판단이나 대응 전략 수립은 반드시 전문가의 조언을 거쳐야 한다.

ChatGPT는 특허 이슈에 쉽게 접근할 수 있도록 도와주는 실용적인 사고의 출발점일 뿐 법률 자문을 대체하는 수단은 아니라는 점을 명확히 인식할 필요가 있다.

3. 무효 자료 검색 지원

침해 여부를 검토하는 것만큼 중요한 또 하나의 대응 전략은 바로 상대방 특허의 유효성 자체를 의심해 보는 것이다. 특허권자는 침해를 주장하더라도, 그 권리 자체가 신규성이나 진보성 등의 요건을 충족하지 못해 무효가 될 가능성이 있다면, 상대방의 경고나 청구에 적극적으로 대응할 수 있는 중요한 방어 논리가 된다.

무효 자료 확보를 위한 조사 방식은, 결국 해당 특허보다 먼저 공개된 유사 기술을 찾는 작업이라는 점에서 선행기술 조사와 목적과 방법이 본질적으로 유사하다. 따라서 이에 관한 구체적인 검색 전략이나 프롬프트 구성은 앞서 제2장에서 이미 상세히 다루었으므로, 해당 내용을 참조하면 충분하다.

4. 회피설계

특허권자의 권리를 침해하지 않으면서 유사한 기능을 구현하려는 시도는 기술 개발 및 제품 기획 과정에서 매우 중요하다. 이를 회피설계(Design-around)라고 하며, 특히 침해 우려가 있는 상황에서 제품의 일부 구성이나 작동 원리를 조정함으로써 침해 요소를 제거하는 전략이다.

회피설계는 침해를 피할 수 있을 뿐 아니라, 일정 부분에서 기존 특허보다 개선된 기술적 효과를 구현해 독자적인 경쟁력 확보로 이어질 수 있다는 점에서 중요한 대응 수단이 된다.

이번 장에서는 앞서 예시로 살펴본 특허 청구항을 바탕으로, ChatGPT를 활용해 회피설계 아이디어를 구체화하고 사전 검토하는 방법을 살펴본다.

【상황 설정】

 아래 특허 청구항에 대한 회피설계 아이디어를 도출하고 싶어.

[예시 특허 청구항]
물탱크, 초음파 진동자를 포함하며, 상기 초음파 진동자는 물탱크의 저면에 부착되어 있으며, 진동을 통해 물을 미세 입자로 분해하여 분사하는 것을 특징으로 하는 가습기.

 해당 특허 청구항은 가습기의 기술적 구성 중 다음과 같은 핵심 요소를 포함하고 있습니다:

1. 물탱크의 존재
2. 초음파 진동자의 포함
3. 초음파 진동자가 **물탱크의 저면에 부착**
4. 진동을 통해 물을 **직접 미세 입자로 분해**
5. 미세 입자의 **분사 기능**

이 중 **회피설계가 필요한 침해 위험 포인트**는 ③과 ④, 즉 진동자의 위치 및 물과의 직접 작용 방식입니다.

회피설계 아이디어
1. 진동자 위치 변경

- 초음파 진동자를 물탱크 내부 또는 저면이 아닌 **외부 본체 하단** 또는 **측면 구조물**에 배치합니다.
- 진동은 **금속판이나 진동 전달 매체**를 통해 물에 간접 전달되며, 물과 **직접 접촉하지 않도록 설계**합니다.

2. 진동자 기능 축소 + 다른 수분 분해 방식 결합
- 초음파 진동자는 미세 입자 분해에 기여하지 않고, 내부 팬 또는 가열 방식(예: 히터 증발)을 통해 물을 기화하여 분사합니다.
- 진동자는 단순 진동 보조용으로 설계하여 **기술적 중심에서 이탈**시킵니다.

3. 물 분사 방식 변경
- 초음파 방식 대신, **압력 펌프 방식, 미세 노즐 분사기,** 또는 **베르누이 흡입 구조** 등을 사용해 물을 분무합니다.
- 물 분해 방식이 특허 청구항의 "진동을 통한 미세 입자화"와 **명확히 달라집니다.**

ChatGPT는 특허 청구항을 구성 요소별로 분석하여 각 요소의 기술적 의미를 명확히 파악하게 해줄 뿐만 아니라, 이를 바탕으로 회피설계에 필요한 아이디어를 구체적으로 제시해 준다.

이를 통해 사용자는 자신의 제품이 기존 특허의 권리 범위를 어떻게 벗어날 수 있을지 전략적으로 검토할 수 있으며, 제품 개발 초기 단계부터 선행 특허와의 관계를 고려한 설계 방향을 설정할 수 있다.

또한, 침해 경고장이나 침해 소송과 같은 위기 상황에서도 ChatGPT를 활용하면 빠르게 대응 시나리오를 구성할 수 있으며, 향후 제품을 어떻게 수정하거나 재설계할지에 대한 방향성을 조기에 확보함으로써 사업적 손실을 최소화하고, 법적 리스크도 효과적으로 관리할 수 있다. 이처럼 ChatGPT는 단순한 기술 분석 도구를 넘어, 지식 재산 기반의 제품 전략 수립에 실질적인 도움을 주는 AI 조력자로 활용될 수 있다.

5. 주의 사항 및 소결

ChatGPT는 특허 침해 판단, 무효 검토, 회피설계와 같은 분쟁 대응 전반에서 매우 유용한 도구로 기능할 수 있다. 청구항을 구성 요소별로 분석하거나, 제품과의 비교를 통해 침해 가능성을 검토하고, 회피설계 아이디어를 도출하는 작업은 ChatGPT가 빠르고 체계적으로 정리해 주는 분야다.

이를 통해 사용자는 기존에 막연했던 특허 분쟁의 구조를 명확하게 이해하고, 사전 대응 또는 전략적 판단을 위한 기초를 손쉽게 마련할 수 있다.

그러나 이러한 결과물은 어디까지나 초기 분석 도구이자 아이디어 생성기의 역할에 머물러야 한다. ChatGPT는 실제 소송에 제출하는 문서의 형식이나 법적 논리를 완벽하게 충족시키지는 못하며, 문장 표현이나 용어 선택에서도 세심한 법률적 검토가 필요하다. 따라서 특히, 침해 경고장에 대한 의견서, 정식 답변서, 심판 대응서, 소송 대응 문서 등은 GPT를 통해 임의로 작성해서는 안 되며, 반드시 변리사나 변호사 등 특허 전문가를 통해 작성하고 제출하는 것이 바람직하다.

그럼에도 불구하고 GPT는 단순한 자동화 도구가 아니라, 법률 리스크를 사전에 인식하고 주도적으로 대응할 수 있게 도와주는 '지식 기반 조력자'로서 점점 더 중요한 위치를 차지하게 될 것이다.

2

디자인

1장

ChatGPT와 디자인 보호법의 만남

디자인 출원을 준비할 때 가장 먼저 확인해야 할 것은 해당 디자인이 디자인보호법에서 보호받을 수 있는 대상인지 여부이다. 아무리 창의적이고 독창적인 아이디어라 하더라도 법에서 보호하지 않는 범위라면 디자인 출원 자체가 의미가 없을 수 있다.

최근 이러한 디자인 출원 과정에서 인공지능, 그중에서도 ChatGPT를 활용하려는 시도들이 늘어나고 있다. ChatGPT는 디자인 도면이나 출원 서류 작성 과정에서 단순히 문장을 생성하는 수준을 넘어, 새로운 디자인 아이디어 발상부터 출원서 작성 가이드 제공, 심사 대응 전략 수립까지 폭넓게 활용될 가능성이 있다. 이 장에서는 디자인보호법에서 보호하는 디자인의 개념을 다시 한번 정리하고, ChatGPT를 디자인 출원 업무에 어떻게 활용할 수 있을지 개괄적으로 살펴본다.

1. 디자인 보호법에서 보호하는 디자인의 개념

디자인보호법에서 보호되는 디자인이란, 물품의 형상이나 모양, 색채 또는 이들의 결합으로 이루어진 시각적 창작물을 의미하며, 단순한 기능 구조가 아닌 미적 감각을 불러일으킬 수 있어야 한다. 이러한 디자인은 물품에 적용되는 것이어야 하고, 시각적으로 인식 가능한 외관을 가져야 하며, 기존 디자인과 동일하거나 유사하지 않은 신규성과 디자이너의 독창성이 반영된 창작성이라는 요건을 모두 갖추어야 법적 보호를 받을 수 있다. 따라서 디자인 출원 과정에서는 이러한 요건들을 충족할 수 있는지를 철저히 검토해야 하며, ChatGPT 역시 단순한 아이디어 생성 도구를 넘어서 이러한 법적 요건 충족을 위한 실무적 보완 도구로 활용될 수 있다.

2. ChatGPT를 활용한 디자인 출원 서류 준비 가능성

디자인 출원을 준비하는 과정에서 가장 많은 시간과 노력이 소요되는 부분은 출원서 작성과 도면 준비이다. 출원서 작성 시에는 법적 요건에 맞춘 정확한 표현이 필요하고, 도면 준비 시에는 심사관이 쉽게 이해할 수 있는 명확한 시각적 표현이 필수적이다.

ChatGPT는 이러한 서류 준비 과정에서 다음과 같은 방식으로 활용할 수 있다. 먼저, 물품 명칭을 선정할 때 유사 디자인 사례를 분석한 후 적절한 명칭을 추천받을 수 있다. 또한, 디자인의 설명문을 작성할 때도 법적 요건을 반영한 설명문 초안을 ChatGPT로부터 받을 수 있다. 도면 작성 방향을 설정할 때에도 디자인의 주요 시각적 특징을 정리하고, 필요한 도면 종류를 제안받을 수 있다. 출원 후 심사 과정에서 거절 이유 통지를 받게 되면, 해당 내용 분석과 함께 보정서 또는 의견서 초안 작성을 위한 조언도 받을 수 있다.

이 책에서는 이후 각 장에서 이러한 활용 방법을 다음과 같이 구체적으로 살펴볼 예정이다.

2장에서는 선행 디자인 검색과 유사성 판단 과정에서의 ChatGPT 활용법을 설명한다.

3장에서는 출원서 작성 및 도면 준비 단계에서의 구체적 활용법을 정리한다.

4장에서는 심사 과정에서 발생하는 문제 해결 방법과 ChatGPT 활용 가능성을 다룬다.

결과적으로, ChatGPT는 디자인 출원 과정 전반에 걸쳐 다양한 역할을 수행할 수 있다. 단순한 문서 작성 도구가 아니라, 법적 요건을 충족하기 위한 가이드 제공자이자, 실무적 부담을 덜어 주는 보조자 역할을 할 수 있는 것이다.

3. ChatGPT를 활용한 새로운 디자인 창작 가능성

ChatGPT의 활용 범위는 출원 준비에만 국한되지 않는다. 출원 준비 이전 단계에서, 새로운 디자인 아이디어를 발상하는 과정에서도 유용하게 사용할 수 있다.

특히 디자이너가 초기 아이디어를 구체화하는 과정에서, 특정 키워드나 콘셉트를 ChatGPT에 입력하면, 관련된 이미지적 아이디어나 표현 방법 등을 폭넓게 제시받을 수 있다. 이러한 아이디어는 이후 디자인 시안 작업이나 시제품 제작 단계에서도 참고할 수 있는 중요한 자료가 된다. 이 책에서는 이후 5장에서 이러한 디자인 창작 과정에서의 ChatGPT 활용 방법을 구체적으로 살펴볼 예정이다.

단, 디자인 창작 과정에서 AI의 도움을 받는 경우에도, 해당 디자인이 기존 디자인과의 차별성을 확보할 수 있는지, 디자인보호법에서 요구하는 창작성 요건을 충족할 수 있는지는 별도의 법적 검토가 반드시 필요하다. AI가 생성한 결과물을 무조건 신뢰하기보다는, 법적 요건 충족 여부를 중심으로 인간 디자이너의 판단이 결합될 때 비로소 의미 있는 창작물로 완성될 수 있다.

2장 선행 디자인 검색과 유사성 판단

디자인 출원을 준비할 때, 반드시 거쳐야 하는 과정이 바로 선행 디자인 검색이다. 아무리 독창적인 디자인이라 하더라도, 이미 유사한 디자인이 존재한다면 디자인보호법에서 요구하는 신규성과 창작성을 인정받기 어려울 수 있다. 따라서 선행 디자인을 철저히 조사하고, 유사성 여부를 분석하는 과정은 디자인 출원의 기본이자 핵심이라고 할 수 있다.

최근에는 이러한 선행 디자인 검색과 분석 단계에서도 ChatGPT를 보조 도구로 활용하는 사례가 늘어나고 있다. ChatGPT는 특허청 데이터베이스에 직접 접근할 수는 없지만, 검색 키워드 추천, 검색 범위 설정, 유사성 분석 가이드 제공 등 다양한 방식으로 실무를 지원할 수 있다.

이 장에서는 선행 디자인 검색 범위 설정부터 유사성 및 신규성 판단 과정까지, ChatGPT를 어떻게 활용할 수 있는지 구체적으로 살펴본다.

1. 선행 디자인 검색 범위 설정

선행 디자인 검색은 단순히 비슷한 디자인을 찾는 작업이 아니라, 검색 범위와 대상의 설정부터 신중하게 검토해야 하는 절차이다. 특히, 디자인의 적용 물품이 명확해야 하고, 물품이 속하는 로카르노 분류를 확인하여 해당 분류 내 유사 물품까지 폭넓게 검색하는 것이 중요하다.

로카르노 분류란?

로카르노 분류는 국제적으로 통일된 디자인 분류 체계로, 디자인을 물품별로 분류하여 관리하는 체계이다. 디자인 보호 대상이 되는 물품을 32개 대분류(클래스)와 223개 소분류(서브클래스)로 나누어 정리한 것이다. 이 분류를 활용하면, 동일·유사 물품에 적용된 디자인들을 효과적으로 검색할 수 있다.

분류 예시
제7류: 가정용품 (컵, 주전자, 접시 등)
제9류: 포장 및 용기 (병, 캔, 상자 등)
제14류: 녹음·영상기기 및 통신기기
제25류: 건축구조물 및 구성품

【상황 설정】

텀블러 디자인을 출원하려는 경우, 로카르노 분류에서 해당 물품이 속하는 분류를 찾고, 관련 물품까지 포함하여 검색 범위를 설정해야 한다. 이때 ChatGPT에 다음과 같은 요청을 할 수 있다.

텀블러 디자인을 출원할 예정인데, 선행 디자인 검색을 위해 로카르노 분류 기준으로 적절한 검색 범위와 키워드를 추천해 줘. 관련 물품까지 포함해서 정리해 줘.

텀블러 디자인 출원을 위한 선행 디자인 검색 시 로카르노 분류는 다음과 같습니다.
- 07-01: 식기류 (텀블러, 컵, 머그 등)

유사 물품 범위는 다음과 같습니다.
- 직접 유사: 텀블러, 머그컵, 컵, 보온병, 유리컵, 빨대컵, 컵뚜껑, 휴대컵
- 기능 유사: 보온/보냉컵, 음료용기, 텀블러 캐리어, 컵홀더
- 구조 유사: 이중구조컵, 진공단열컵, 슬라이드리드컵, 스테인리스컵

> • 디자인 연관: 브랜드 텀블러, 캐릭터컵, 인쇄무늬컵
>
> 검색 키워드는 다음과 같이 추천드립니다.
> • 국문: 텀블러, 컵, 머그, 보온병, 이중컵, 진공컵, 음료용기, 캐릭터컵
> • 영문: tumbler, mug, drinking cup, travel mug, vacuum cup, thermos, lid cup, double wall cup
>
> KIPRIS에서는 로카르노 분류와 키워드를 함께 사용하여 상세 검색하시면 됩니다. 국제 디자인은 WIPO Global Design Database를 참고하시고, 미국이나 일본의 디자인은 USPTO나 일본 디자인뷰 사이트에서 확인하시면 좋습니다.

이렇게 출원하려는 디자인의 로카르노 분류와 물품 명칭이 특정되었다면, 디자인 검색 DB에서 물품류와 물품 명칭 기반의 선행 디자인 검색을 수행하면 된다. 하지만 디자인은 그 외관적인 형태를 표현한 도면 자체로서 보호 대상이 되므로, 출원 디자인과 비슷한 선행 디자인을 검색하기가 여간 까다로운 것이 아니다. 도면 자체를 검색 키워드로 입력할 수 없으며, 선행 디자인 문헌에서 그 디자인의 형태를 묘사하는 텍스트 키워드가 거의 포함되어 있지 않기 때문이다.

따라서 선행 디자인 검색은 특허 선행기술을 검색하는 것과 달리 상세한 검색식을 작성할 필요가 없으며, 그렇게 작성할 수도 없다. 물품 명칭의 검색 키워드를 동의어와 유사어를 활용하여 확장하는 방법 이외에는 특별한 방도가 없으므로, 물품류 및 물품 명칭 기반으로 검색된 모든 선행 디자인 도면을 눈으로 직접 보면서 출원 디자인과 비슷한지 살피는 것이 현재로서 가장 바람직한 방법이다.

선행 디자인 검색이 갖고 있는 이러한 한계점으로 인해 디자인을 창작한 사람은 그 디자인 물품과 비슷한 형태를 가진 경쟁 물품에 대한 사전 정보를 충분히 수집하여 출원을 준비하는 것이 좋다.

2. 검색된 선행 디자인과의 유사성 및 신규성 검토

디자인보호법에서 디자인의 유사성 판단은 단순히 외형적 유사성만으로 결정되지 않는다. 특히 디자인의 대상 물품이 무엇인지, 해당 물품 분야에서 통상적으로 사용되는 디자인 요소인지 여부까지 함께 고려해야 한다. 이러한 점에서, 디자인의 유사성 판단은 단순 비교가 아니라 법적·실무적 분석이 결합된 종합적 판단이라고 할 수 있다.

【상황 설정】

이번 사례에서는 다음 두 개의 디자인을 비교 대상으로 설정한다.

- 출원 디자인: 음식물 보관 용기 (아래 이미지 1)

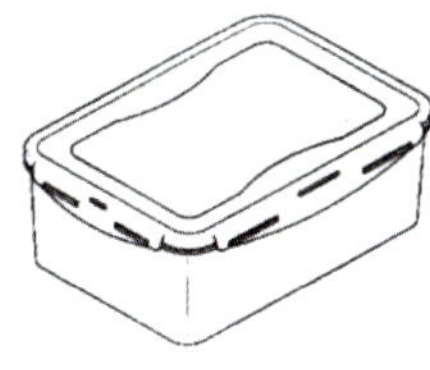

- 선행 디자인: 음식물 보관 용기 (아래 이미지 2)

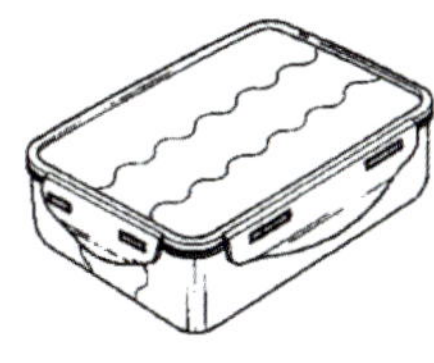

디자인보호법에서 유사성 판단은 단순히 외형의 유사성만을 보는 것이 아니라, 해당 물품의 특성, 기능적 필연성, 장식적 요소 등 다양한 요소를 종합적으로 검토하는 과정이다. 특히 음식물 보관 용기처럼 기능성도 중요한 물품의 경우, 기능적 필요에 의해 자연스럽게 형성되는 공통적 요소와 디자이너의 창작적 개성이 드러나는 장식적 요소를 구분해 판단하는 것이 핵심이다.

아래에서는 실제 출원 디자인과 선행 디자인의 유사성 검토 과정을, 이미지 파일을 기반으로 하는 방식과 텍스트로 디자인 특징을 구체적으로 묘사하는 방식으로 나누어 정리한다.

(1) 이미지 파일 기반 유사성 검토

아래 두 개의 디자인 이미지를 비교해서 유사성 분석을 해 줘.

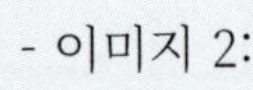
- 이미지 1:
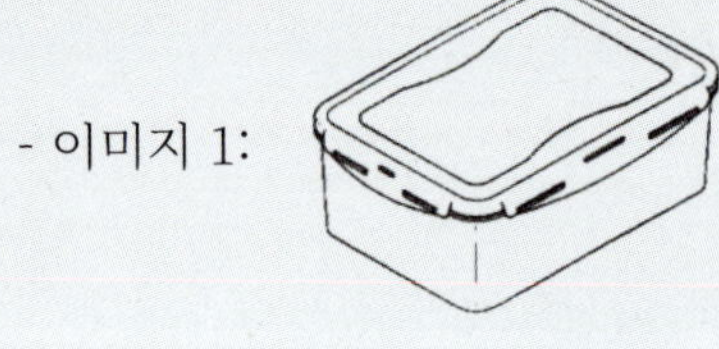

- 이미지 2:
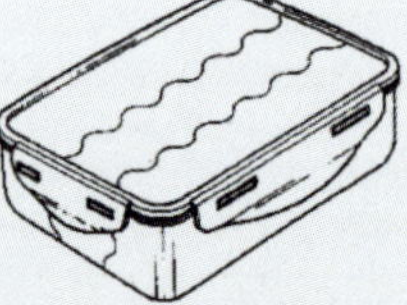

분석 기준:
1. 형상적 공통점 및 차이점
2. 장식적 요소의 공통점 및 차이점
3. 음식물 보관 용기라는 물품 특성상, 기능적 필연성 여부
4. 전체적인 심미감에서의 유사성 여부

이미지 1, 이미지 2는 순서대로 이미지 파일을 첨부할게.

유사성 분석 결과

1. 형상적 공통점
- 두 디자인 모두 직육면체 용기 본체와 4변에 형성된 잠금날개를 갖춘 구조임.
- 각 잠금날개에 가로막대형 잠금 구멍이 2개씩 있는 점도 동일함.

2. 형상적 차이점
- 출원 디자인은 뚜껑 윗면에 절구 무늬가 있고, 잠금날개에 추가 구멍이 있음.
- 선행 디자인은 뚜껑과 옆면에 물결무늬가 있고, 추가 구멍은 없음.

3. 기능적 필연성 여부

- 직육면체 본체와 잠금 구조는 음식물 보관 용기에서 기능적 필요에 따른 필수 요소로 판단됨.

4. 장식적 요소 비교

- 출원 디자인은 절구 무늬로 장식성을 부여한 반면, 선행 디자인은 물결무늬로 장식적 특징을 강조함.

5. 전체 심미감

- 출원 디자인은 실용적이고 견고한 느낌, 선행 디자인은 부드럽고 유려한 인상

결론: 공통점은 기능적 요소로 볼 가능성이 크고, 장식적 요소에서 명확한 차이가 존재하므로 비유사로 판단될 가능성이 높음.

이미지 분석 방식의 한계

위와 같은 방식은 직관적이고 편리하지만, 현재 ChatGPT가 제공하는 이미지 분석 기능은 해상도, 디테일 표현력, 시각적 요소 해석 능력에서 한계가 있다. 또한, 법적 심사 기준과 판례 경향까지 반영하기는 어렵다. 따라서 보다 정밀한 분석이 필요할 경우, 디자인의 특징을 텍스트로 상세히 묘사한 후 유사성 분석을 요청하는 방식이 더 유리할 수 있다.

(2) 텍스트 기반 유사성 검토

 출원 디자인과 선행 디자인의 유사성을 분석해 줘.

[출원 디자인]
- 물품 명칭: 음식물 보관 용기
- 디자인 특징:
  1. 직육면체 본체, 4변에 잠금날개 형성
  2. 각 잠금날개에 가로막대형 잠금구멍 2개씩 형성
  3. 뚜껑 윗면에 절구 무늬 형성
  4. 각 잠금날개 구멍 사이에 추가 가로막대형 구멍 1개씩 있음

[선행 디자인]
- 물품 명칭: 음식물 보관 용기
- 디자인 특징:
    1. 직육면체 본체, 4변에 잠금날개 형성
    2. 각 잠금날개에 가로막대형 잠금구멍 2개씩 형성
    3. 뚜껑 및 옆면에 물결무늬 형성
    4. 추가 구멍 없음"

 유사성 분석 결과

형상적 공통점:
- 직육면체 본체와 잠금날개 구조는 동일
- 잠금날개에 가로막대형 잠금구멍이 2개씩 있는 점도 동일

형상적 차이점:
- 출원 디자인은 절구 무늬와 추가 구멍이 있음
- 선행 디자인은 물결무늬가 있고 추가 구멍은 없음

기능적 필연성:
- 직육면체 본체와 잠금 구조는 음식물 보관 용기의 기능적 필수 요소로 판단됨
- 장식적 요소는 창작적 요소로 판단 가능

전체적 심미감:
- 출원 디자인은 기능적 안정감이 강조된 견고한 느낌
- 선행 디자인은 장식성이 강조된 부드러운 느낌

결론: 두 디자인은 기능적 필수 요소에서는 유사하나, 장식적 요소 및 전체 심미감에서 차이가 커 비유사로 판단될 가능성 높음.

신규성 검토

디자인보호법에서 요구하는 신규성은, 출원된 디자인이 출원 전에 이미 공지된 선행 디자인과 동일하거나 유사하지 않아야 한다는 것을 의미한다. 즉 선행 디자인과 유사한 디자인이라면 신규성이 부정되고, 선행 디자인과 유사하지 않은 디자인이라면 신규성이 인정되는 방식이다.

이때 신규성 판단의 핵심 기준도 유사성 판단의 기준과 동일하다. 즉 물품의 형태·모양·색채와 같은 시각적 요소를 중심으로, 해당 물품이 속한 분야에서 통상적으로 나타나는 디자인적 요소인지 여부, 디자인이 주는 전체적인 심미감이 유사한지 여부 등을 종합적으로 고려하여 판단하게 된다.

앞서 유사성 검토에서 살펴본 출원 디자인과 선행 디자인을 예로 들면, 두 디자인이 음식물 보관 용기라는 동일 물품에 적용된다는 점, 잠금 구조와 직육면체 형상 등 기본적인 형태적 공통점이 있다는 점에서 일정 부분 유사성이 인정될 가능성은 있다.

그러나 디자인의 창작적 개성이 드러나는 장식적 요소인 절구 무늬나 추가 잠금 구멍 구성에서 선행 디자인과 명확한 차이점이 드러난다면, 심사관은 이러한 차이점을 근거로 두 디자인이 유사하지 않다고 판단할 가능성이 높다. 결과적으로, 유사성 판단에서 비유사로 결론이 나면 신규성은 인정되는 것이다.

반대로, 출원 디자인이 선행 디자인과 장식적 요소에서 특별한 차이 없이 기능적 필요에 따른 공통적 요소만으로 구성되어 있다고 판단된다면, 심사관은 두 디자인을 유사한 것으로 보고 신규성을 부정할 수 있다.

정리하면, 디자인의 신규성 판단은 유사성 판단의 연장선에 있으며, "선행 디자인과 유사한가?"라는 질문에 대한 답이 곧 "신규성이 인정되는가?"라는 결과로 이어진다고 볼 수 있다. 따라서 선행 디자인 검색과 유사성 분석 단계에서부터 철저한 대비가 필요하다.

3. 디자인의 창작성 판단과 차별화 전략 수립

디자인보호법에서 요구하는 창작성이란, 해당 디자인이 기존에 널리 알려진 형상·모양·색채 또는 이들의 결합으로부터 쉽게 창작할 수 없는 수준이어야 한다는 의미이다. 즉 누구나 떠올릴 수 있는 전형적인 형태나 이미 알려진 디자인적 요소들의 단순한 결합은 창작성이 인정되지 않는다.

창작성 판단에서 특히 중요한 포인트는 다음과 같다.

- 국내 또는 국외에서 이미 널리 알려진 형태인지 여부

- 해당 물품 분야에서 흔히 사용되는 디자인적 요소인지 여부

- 디자이너의 창작적 기여가 명확히 드러나는지 여부

특히 널리 알려진 형상이나 자연물의 형태를 그대로 모방한 경우, 창작성 부정 사유로 가장 많이 언급된다. 예를 들어, 바나나, 나무, 새와 같은 자연물은 이미 누구나 쉽게 떠올릴 수 있는 형태이므로, 이를 그대로 디자인에 적용할 경우 창작성 인정이 어려울 수 있다.

【상황 설정】

아래 이미지 1과 이미지 2는 창작성 판단의 대표적인 사례로 활용할 수 있다.

이미지 1: 널리 알려진 자연물인 바나나 이미지 (아래 이미지 1)

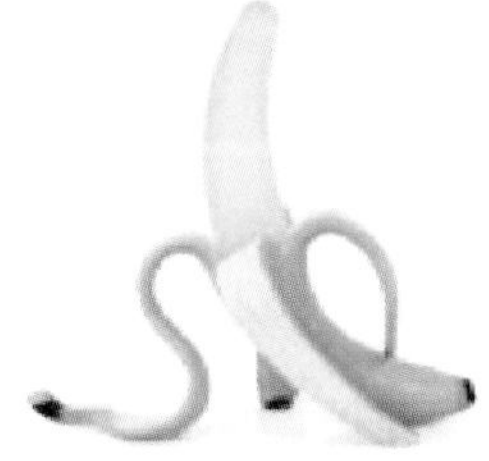

이미지 2: 바나나의 전형적인 형태를 그대로 재현한 조명 디자인 (아래 이미지 2)

이미지 2의 조명 디자인은 바나나의 전형적인 형상을 그대로 구현한 것에 불과하고, 해당 디자인에서 디자이너의 독창적 창작 기여가 명확히 드러나지 않는다.

따라서 해당 디자인은 디자인보호법에서 요구하는 창작성 요건을 충족하기 어려울 가능성이 높다.

이와 같이 창작성 판단에서는 단순히 "보기에 예쁘다"라는 감각적 평가가 아니라, 얼마나 기존에 알려진 형태에서 벗어나 창작적 기여를 했는가라는 점이 핵심 기준이 된다.

창작성 판단은 법적 판단과 동시에, 해당 물품 분야의 디자인 경향이나 트렌드까지 폭넓게 고려해야 하는 작업이다. 이 과정에서 ChatGPT는 다음과 같은 방식으로 보완적 역할을 할 수 있다.

음식물 보관 용기의 창작성 여부를 판단하려 한다.
현재 출원 디자인은 직육면체 본체에 잠금날개가 4변에 형성된 구조이며, 뚜껑 윗면에 절구 무늬가 형성되어 있다.
이와 유사한 형태가 기존에 널리 알려진 형태인지, 해당 물품 분야의 디자인 경향과 비교할 때 창작성 인정 가능성이 있는지 분석해 줘.

창작성 분석 결과

1. 직육면체 본체 + 잠금날개 구조
- 해당 구조는 음식물 보관 용기에서 매우 일반적으로 사용되는 기능적 형태로, 창작성 인정이 어려운 부분

2. 절구 무늬 장식
- 절구 무늬 자체가 널리 알려진 전통적 문양이기는 하나, 음식물 보관 용기 표면에 절구 무늬를 적용하는 사례는 확인되지 않음.
- 해당 장식은 용기의 용도 및 기능과 직접적 관련이 없는 순수 장식적 요소로, 창작적 기여가 인정될 여지가 있음.

3. 전체적 결합
- 기존에 존재하는 기능적 구조 위에 전통적 문양을 결합한 사례는 흔치 않아, 창작성 인정 가능성 있음.

차별화 전략 수립 시 ChatGPT 활용 방법

디자인 출원 과정에서는, 창작성 확보가 어려운 경우 출원 전에 차별화 전략을 먼저 고민해 두는 것이 매우 중요하다. 특히 자연물이나 유명한 형태를 활용한 디자인은 단순 모방으로 오해받지 않도록 차별화 포인트를 명확히 설정하는 전략이 필요하다.

아래는 위에서 예시했던 이미지 2의 바나나 조명을 예시로, ChatGPT를 활용해 차별화 전략을 수립하는 방법을 보여준다.

 출원할 디자인은 바나나 모양의 조명이다.
바나나는 자연물로서 널리 알려진 형태이므로 창작성 확보가 쉽지 않다.
이 디자인의 창작성 강화를 위해 기존 바나나 형태와 차별화할 수 있는 디자인 아이디어를 제시해 줘.

 바나나 조명 디자인 차별화 전략

1. 형태적 변형
- 바나나 껍질이 더 과장된 곡선을 가지거나, 껍질 일부가 꼬여 있는 등 비현실적 요소 결합
- 바나나 상단에 잎사귀 형태 추가 등 자연물+상상적 요소 결합

2. 기능적 요소 추가
- 조명의 밝기 조절 기능을 바나나 껍질을 벗기는 동작과 연계
- 바나나 껍질을 원하는 각도로 구부려 빛의 방향을 조절하는 기능 부여

3. 색상·질감의 변형
- 현실적 바나나 색상이 아닌 금속 질감, 투명 아크릴 소재 등으로 재해석
- 팝아트 느낌의 강렬한 색상 조합으로 시각적 임팩트 강화

4. 조명 외부 패턴 추가
- 바나나 껍질 표면에 파도 무늬, 기하학적 패턴 등 전혀 다른 장식 요소 결합
- 특정 문화적 상징(전통 문양 등)을 결합해 독창성 강조

정리

이처럼 ChatGPT는 "전형적인 자연물 형태"에서 출발하더라도 형태 변형 / 기능 추가 / 소재 변화 / 장식 결합과 같은 다양한 방향에서 차별화 전략을 제시할 수 있다. 이러한 전략들은 실제 출원서 작성 시 디자인의 창작 경위나 디자인의 의도를 설명하는 부분에서도 적극 활용할 수 있어, 출원 단계에서부터 창작성 논란을 최소화하는 데 도움이 된다.

창작성 판단과 차별화 전략 수립의 중요성

디자인 출원에서 신규성만으로는 부족하다. 창작성까지 확보되어야 법적 보호가 가능하고, 경쟁 디자인과의 차별화도 수월해진다. 특히, 단순하고 기능적인 디자인일수록 창작성 확보는 더욱 중요하며, 이를 위해 출원 전부터 충분한 디자인 리서치와 전략 수립이 필요하다.

4. 선행 디자인 검색 및 유사성 판단 시의 주의 사항

선행 디자인 검색과 유사성 판단은 단순히 검색 키워드 몇 개 입력해서 끝나는 일이 아니다. 법적 보호를 받기 위해서 반드시 고려해야 할 실무적 포인트들이 존재한다.

(1) 검색 범위의 폭과 깊이

- 국내 검색(KIPRIS)에만 의존할 경우 해외에서 먼저 출원된 디자인을 놓칠 수 있다.
- 특히 글로벌 출시를 고려하는 제품이라면 반드시 EUIPO DesignView나 WIPO Global Design Database 같은 해외 DB까지 검색 범위를 확장해야 한다.

(2) 물품의 유사성 범위 설정

- 텀블러를 출원한다고 해서 텀블러만 검색하는 것은 위험하다.
- 머그컵, 물병, 보온병 등 용도나 기능이 유사한 물품도 함께 검토해야 한다.
- 이는 실제 심사 시, 심사관이 "유사 물품으로 판단하는 범위"와 일치시켜야 하기 때문이다.

(3) 유사성 판단 시 고려 요소

- 유사성 판단은 단순히 외관만 보는 것이 아니다.
- 물품의 기능적 특성, 디자인이 적용되는 환경, 거래 실정 등도 함께 고려된다.
- 따라서 단순히 "생긴 게 비슷하다"는 이유만으로 거절된다고 단정하기 어렵고, 반대로 "조금 다르다"는 이유만으로 등록 가능성이 높다고 보기도 어렵다.

(4) ChatGPT 활용의 한계

- ChatGPT는 심사관이 직접 참고하는 시스템이 아니며, 과거 데이터를 기반으로 분석 패턴을 제시할 뿐이다.
- 따라서 ChatGPT의 분석 결과는 반드시 참고 자료로만 활용하고, 최종 판단은 변리사 또는 디자인 전문가의 검토를 거쳐야 한다.

(5) 검색 결과의 증빙 정리

- 실제 출원 과정에서 검색한 결과는 추후 이의 신청 대응이나 분쟁 대응 시 중요한 자료가 된다.
- 따라서 검색 결과의 날짜, 출원번호, 공개번호, 디자인 이미지 등은 반드시 정리·보관해야 한다.

3장

출원서 작성 및 도면 준비

디자인 출원에서 가장 기본적이면서도 중요한 단계가 바로 출원서 작성과 도면 준비다. 아무리 좋은 디자인이라도, 서류 작성이 제대로 되지 않으면 심사관이 디자인의 핵심을 제대로 이해하기 어렵고, 결국 보완 요구나 거절로 이어질 가능성이 높다.

이 장에서는 출원서와 도면을 준비하는 과정에서 ChatGPT를 어떻게 활용할 수 있는지를 중심으로 출원 실무에 바로 적용할 수 있는 구체적 방법을 살펴본다.

1. 디자인 대상 물품의 적절한 명칭 선정 및 물품류 지정

디자인 출원서에서 물품 명칭은 매우 중요하다. 물품 명칭에 따라 로카르노 분류가 결정되며, 이는 선행 디자인 검색 범위와 심사 기준 적용에도 직접 영향을 준다.

출원하려는 디자인이 어떤 물품에 해당하는지 명확하지 않거나 어떤 명칭으로 기재해야 심사에 유리할지 고민되는 경우, ChatGPT에 다음과 같은 방식으로 도움을 받을 수 있다.

【상황 설정】

 출원할 디자인이 '주방에서 사용하는 전자 계량컵'이다.
이 경우 적절한 물품 명칭을 추천해 주고, 로카르노 분류 기준으로 어떤 류와 소분류에 해당하는지도 함께 정리해 줘.

 추천 물품 명칭: 전자 계량컵

로카르노 분류:
- 대분류: 제7류 (가정용품)
- 소분류: 07-01 (컵, 잔 및 기타 용기류)

출원서 작성 시 주의사항:
- 물품 명칭은 해당 물품의 **일반적인 명칭**이어야 함
- 신조어나 브랜드명과 혼동되는 표현은 피할 것
- 해당 물품의 기능이나 용도를 지나치게 강조하는 명칭도 지양

2. 디자인등록출원서의 항목별 작성법

출원서에는 물품 명칭, 디자인의 설명, 도면의 제출 형태 등 여러 항목이 포함되며, 각 항목은 심사 기준과 법적 요건에 맞게 작성해야 한다.

특히 설명서 작성 시, 디자인의 형태적 특징을 법적 표현에 맞게 정리하는 부분에서 ChatGPT는 매우 유용하게 활용될 수 있다.

【상황 설정】

 음식물 보관 용기 디자인 출원서를 작성 중이다.
뚜껑에는 절구 모양의 무늬가 있고, 본체 측면에는 물결무늬가 있다. 이 디자인 출원서에 첨부할 도면의 주요 항목 초안을 법적 요건에 맞게 작성해 줘.
도면의 주요 항목: 디자인의 대상이 되는 물품, 물품류, 디자인의 설명, 창작 내용의 요점

 **[디자인 출원서 초안]**

- 디자인의 대상이 되는 물품: 음식물 보관 용기
- 물품류: 제7류
- 디자인의 설명: 본 디자인은 음식물 보관 용기의 형상과 모양 및 장식적 요소에 관한 것이다. 용기 본체는 직육면체이며, 상부에는 뚜껑이 덮여지는 구조로 되어 있다. 도면 1은 본 디자인의 전체적인 형태를 나타낸 도면이고, 도면 2는 본 디자인의 정면 부분을 나타낸 도면이며, 도면 3은 본 디자인의 배면 부분을 나타낸 도면이다.
- 창작 내용의 요점: 뚜껑 윗면의 절구 무늬와 본체 측면의 물결무늬에 창작의 요점이 있다.

디자인등록출원서 작성 실무에서 가장 전략적인 제도 중 하나인 부분디자인 출원서 역시 ChatGPT의 도움을 받아 작성할 수 있다. 부분 디자인은 물품의 '일부' 형상에 대해서만 권리를 받는 제도로, 모방하기 쉬운 핵심 창작 부분만을 보호하여 매우 넓고 강력한 권리 범위를 확보할 수 있다.

부분 디자인 출원서는 '창작 내용의 요점'과 '디자인의 설명'을 작성하는 방식, 그리고 도면을 준비하는 방식이 일반 디자인과 완전히 다르다.

【상황 설정】

'손잡이' 형상이 독특한 머그컵 디자인을 부분 디자인으로 출원하고자 한다. 도면은 창작의 핵심인 '손잡이'만 실선으로, 나머지 '컵 본체'는 점선으로 준비했다.

이때, 이 부분 디자인의 권리 범위를 명확히 하기 위한 '창작 내용의 요점'과 '디자인의 설명' 초안 작성을 ChatGPT에 요청할 수 있다.

 '손잡이'가 창작의 핵심인 머그컵을 '부분 디자인'으로 출원하려 해. 도면은 손잡이만 실선, 컵 본체는 점선으로 그렸어. 이 경우 특허청 양식에 맞게 '창작 내용의 요점'과 '디자인의 설명' 항목에 들어갈 문구 초안을 작성해 줘.

 **[창작 내용의 요점]**
본원 디자인은 '머그컵'의 '손잡이' 형상 및 모양의 결합을 창작의 요점으로 함. 도면상 실선으로 표현된 부분이 등록을 받고자 하는 부분이며, 점선으로 표현된 부분(컵 본체)은 등록을 받고자 하는 부분이 아님.

[디자인의 설명]

재질은 합성수지, 점토, 유리 또는 금속임.

본원 디자인은 머그컵의 손잡이에 관한 것으로, 도면 중 실선으로 표시된 부분이 디자인 등록을 받고자 하는 부분임.

도면 중 점선으로 표시된 부분(컵 본체)은 본원 디자인의 대상이 되는 물품의 형상을 명확히 나타내기 위한 참고 도면일 뿐, 등록을 받고자 하는 부분이 아님.

도면 1.1(사시도)은 본원 디자인이 적용된 머그컵의 전체적인 형태를 나타내며, 실선으로 표시된 손잡이 부분이 본원 디자인의 핵심임.

도면 1.2(정면도) 및 1.3(배면도)은 각각 실선 부분의 정면과 배면 형상을 나타냄.

이처럼 ChatGPT를 활용하면, 부분디자인의 권리 범위를 명확히 하고 도면의 표현 의도를 심사관에게 정확히 전달하는 서류를 신속하게 작성할 수 있다. 이는 도면의 실선과 점선이 무엇을 의미하는지 불명확하여 발생하는 기재불비 거절 이유를 사전에 방지하는 데 큰 도움이 된다.

3. 평면(2D) 디자인 도면 작성에 ChatGPT 이용하기

평면 디자인은 제품 표면에 직접적으로 표현되는 디자인으로, 포장지, 섬유 무늬, 벽지 디자인 등이 대표적이다.

평면 디자인 도면을 준비할 때, 어떤 각도의 도면이 필요한지, 어떤 요소를 강조해서 표현해야 하는지 가이드를 받을 수 있다.

【상황 설정】

 패브릭 원단에 적용할 텍스타일 디자인을 출원하려 한다.
2D 평면 디자인 도면을 준비할 때, 어떤 뷰와 설명이 필요할지 정리해 줘.

 **필요 도면 구성:**
- 전체 패턴이 반복되는 상태의 정면도 (주된 도면)
- 패턴의 확대도 (디테일 표현)
- 패턴의 배색도 (컬러 포인트 강조)

도면 설명 작성 예시:

본 디자인은 패브릭 원단의 표면에 적용되는 장식적 패턴 디자인이다.
패턴은 반복적으로 배열된 기하학적 형상과 꽃무늬로 구성되며,
메인 컬러는 파스텔톤의 블루와 핑크로 설정되어 있다.

평면 디자인 도면 작성 툴과 활용법

평면 디자인을 출원할 때 필요한 도면의 종류(뷰)에 관한 정보는 앞서 설명한 바와 같이 얻어 낼 수 있는데, 여기서 더 나아가 그 필요 도면을 획득하는 방법에 관한 정보도 ChatGPT를 통해 확인할 수 있다. ChatGPT에 평면 디자인 출원 시 필요한 도면을 자동으로 생성하는 대표적인 툴을 한 가지 제안해 주고, 그 툴을 사용하는 방법을 요청했을 때 아래와 같은 답변을 받을 수 있었다.

- **대표적인 툴:** Adobe Illustrator
- **자동 생성 방법:**
    1. 패턴 또는 무늬를 벡터 파일(AI, SVG) 형식으로 저장
    2. Adobe Illustrator의 "패턴 만들기" 기능을 활용하여 도면 자동 생성
    3. 필요한 각도(정면도, 확대도 등)에서 출력 후 도면 형식으로 저장

이와 같이 디자인 출원 시에 제출 도면을 생성하는 것까지 ChatGPT가 직접 실행하기는 어려운 실정이므로, 외부의 다른 툴을 사용하는 방법을 제안받아 디자인 출원용 도면을 준비할 수 있다.

4. 입체(3D) 디자인 도면 작성에 ChatGPT 이용하기

입체 디자인은 제품의 형태 전체를 보호하는 것으로, 일반적인 공산품 디자인이 여기에 해당한다.

3D 디자인의 경우, 어떤 방향에서 몇 개의 도면이 필요하고, 각 도면에서 어떤 부분을 명확히 표현해야 하는지 가이드를 받을 수 있다.

【상황 설정】

 출원할 디자인은 새로운 형태의 의자다.
3D 도면 준비 시 필요한 도면 종류와 각 뷰에서 강조해야 할 포인트를 정리해 줘.

 필수 도면 구성:
- 정면도
- 배면도
- 좌측면도
- 우측면도
- 평면도
- 저면도
- 사시도

도면별 설명 포인트:
- 정면도: 등받이와 좌판의 전체 형상
- 측면도: 좌판의 기울기 및 다리 구조
- 사시도: 전체적인 볼륨감과 조화

입체 디자인 도면 작성 툴과 활용법

앞서 본 평면 디자인과 마찬가지로, 입체 디자인의 필수 도면을 획득하는 방법에 관한 정보도 ChatGPT를 통해 확인할 수 있다. ChatGPT에 입체 디자인 출원 시 필요한 도면을 자동으로 생성하는 대표적인 툴을 한 가지 제안해 주고, 그 툴을 사용하는 방법을 요청했을 때 아래와 같은 답변을 받을 수 있었다.

 • **대표적인 툴:** Blender
• **자동 생성 방법:**
1. 3D 모델링 파일(OBJ, STL)을 준비
2. Blender에서 "렌더링 뷰" 기능을 이용해 각 방향(정면, 배면 등)에서 출력
3. 출력된 이미지 파일을 도면 형식으로 변환 후 제출

5. 제품 사진을 이용한 디자인 도면 작성하기

최근에는 도면 대신 제품 사진으로 디자인을 표현하는 경우도 늘고 있다. 다만, 사진 제출 시에도 심사 기준에 맞춘 명확한 촬영 각도와 품질이 요구된다.

사진 제출 시 유의 사항, 촬영 가이드라인을 정리할 때 활용 가능하다.

【상황 설정】

 제품 사진으로 디자인을 출원하려 한다.
심사에서 요구하는 사진의 기준과, 사진 촬영 시 주의할 점을 정리해 줘.

 **제품 사진 제출 가이드**
- 배경은 무채색으로, 제품만 명확히 드러나게 촬영
- 정면, 배면, 좌·우측면, 평면, 저면, 사시 각도를 모두 포함
- 제품의 질감이나 색상이 명확히 드러나는 해상도 확보
- 필터 사용 금지, 실제 색상과 동일하게 표현

사진 예시 설명
- 정면도: 제품의 앞면 전체 형상과 장식 표현
- 사시도: 제품의 입체감과 전체적 인상 강조

제품 사진 제출의 한계점과 대안

출원 과정에서 제품 사진을 직접 촬영하여 도면 대신 제출할 수도 있지만, 이 방식은 다음과 같은 한계점을 가질 수 있다.

- **심사 시 발생할 수 있는 문제점**
  - 배경이 복잡하거나 조명 상태가 적절하지 않을 경우 디자인의 핵심이 명확히 전달되지 않을 수 있음.
  - 촬영 각도가 균일하지 않으면 동일한 디자인이라도 도면 간 불일치 문제가 발생할 가능성이 있음.
  - 일부 심사관은 제품 사진만으로는 디자인의 특징을 명확히 판단하기 어려워

추가 보완을 요구할 수 있음.

• 바람직한 제품 사진 촬영 방식

◦ 전문 스튜디오 활용

- 심사 기준에 맞는 배경 설정 및 균일한 조명 환경에서 촬영 가능

- 전문적인 보정 작업을 통해 출원서 제출에 적합한 품질 확보 가능

◦ 변리사에게 제품 샘플 제공

- 변리사가 직접 촬영을 진행하여, 법적 요건을 고려한 최적의 사진을 제출 가능

- 제품의 특징이 더 잘 반영될 수 있도록 전문적인 조언을 받을 수 있음.

따라서 제품 사진을 활용한 출원을 고려할 경우, 단순한 사진 촬영만으로 출원하는 것보다, 전문적인 촬영 환경을 활용하는 것이 더 효과적인 방법이 될 수 있다.

정리

- ChatGPT는 출원서 작성과 도면 준비 단계에서 법적 요건을 반영한 초안 작성에 도움을 줄 수 있음.
- 평면 디자인과 입체 디자인 도면 작성 시, 자동 생성 툴을 활용하여 실무를 더욱 효율적으로 진행 가능
- 제품 사진 제출 시에는 심사 기준을 고려한 촬영 방식이 필요하며, 전문 스튜디오 또는 변리사와 협업하는 것이 바람직함.

디자인 심사 시 발생하는 문제점의 해결

디자인 출원을 완료했다고 해서 모든 과정이 끝나는 것은 아니다. 출원 이후 심사 단계에서는 출원서와 도면의 기재 상태, 선행 디자인과의 유사성, 법적 요건 충족 여부 등을 면밀히 검토하게 된다. 이 과정에서 예상치 못한 보완 요구나 거절 이유 통지가 나오는 경우도 적지 않다.

이 장에서는 디자인 심사 과정에서 자주 발생하는 문제 유형과 그 해결 방법을 정리하고, 해결 과정에서 ChatGPT를 어떻게 활용할 수 있는지를 구체적으로 살펴본다. 특히, 심사 대응 과정에서 제출해야 하는 의견서와 보정서의 차이, 각 서류 작성 시의 유의 사항까지 함께 정리한다.

1. 도면 기재불비 및 보완 대응

(1) 주요 문제 유형

디자인 심사에서 가장 빈번하게 지적되는 항목이 바로 도면 기재불비다. 기재불비란, 도면의 구성이나 표현 방식이 심사 기준에 맞지 않아 디자인의 실체를 명확히 확인할 수 없는 상태를 의미한다.

대표적인 사례는 다음과 같다.

- 도면의 방향이 누락되거나 잘못 표기된 경우
- 각 도면 간 비례나 형태가 일치하지 않는 경우 (도면 간 불일치)
- 도면 설명과 실제 도면이 서로 불일치하는 경우

(2) 의견서와 보정서의 역할과 차이

기재불비 지적이 있는 경우, 출원인은 의견서를 통해 해당 문제의 발생 원인과 보완 내용을 설명하고, 보정서를 통해 수정된 도면을 제출해야 한다.

- 의견서: 심사관이 지적한 사항에 대한 출원인의 의견과 보완 내용을 문서로 설명하는 자료
- 보정서: 의견서에서 설명한 내용을 실제 도면에 반영한 수정본 도면 파일로 제출하는 자료

【상황 설정】

음식물 보관 용기 디자인 출원을 했는데, 심사관으로부터 다음과 같은 기재불비 보완 요청을 받았다.

- 정면도와 배면도의 형태가 서로 다름.
- 도면 설명에는 잠금날개가 4개라고 기재했는데, 도면상에는 3개만 표현됨.
- 일부 도면의 선 굵기가 일정하지 않아, 제품의 윤곽이 명확히 확인되지 않음.

이때 ChatGPT에 다음과 같이 의견서 초안 작성을 요청할 수 있다.

디자인 심사 과정에서 도면 기재불비 지적을 받았다.
아래 기재불비 항목에 대한 대응 의견서 초안을 작성해 줘.
- 정면도와 배면도의 형태 불일치
- 도면 설명과 실제 도면의 불일치
- 도면 선 굵기 불균등

 의견서 (초안)

본 출원과 관련하여 심사관님께서 지적하신 도면 기재불비 사항에 대하여 다음과 같이 의견을 제출합니다.

1. 정면도와 배면도의 형태 불일치 문제

기존에 제출한 도면에서 정면도와 배면도의 형상이 일부 상이하게 표현된 점을 확인하였습니다. 이에 양 도면의 형상을 동일하게 정비한 수정 도면을 보정서와 함께 제출하오니 참고하여 주시기 바랍니다.

2. 도면 설명과 실제 도면 불일치 문제

출원서의 '디자인의 설명' 항목에서 잠금날개를 4개로 기재하였으나, 도면상에는 3개만 표현된 점을 확인하였습니다. 도면과 설명의 내용을 일치시키는 방향으로 수정하였으며, 수정된 도면은 보정서와 함께 제출합니다.

3. 도면 선 굵기 문제

일부 도면에서 선 굵기가 일정하지 않아 시각적 명확성이 떨어지는 점을 확인하고, 전체 도면의 선 굵기를 통일하여 수정한 도면을 보정서와 함께 제출합니다.

이상과 같이 보완 내용을 정리하여 제출하오니 심사에 참고하여 주시기 바랍니다.

(3) 보정서 작성 시 유의 사항

보정서를 통해 도면을 수정할 때 가장 중요한 점은, 최초 제출한 도면과 동일성이 유지되는 범위 내에서만 보정할 수 있다는 점이다. 디자인의 형상이나 구성 자체를 변경하거나 새로운 특징을 추가하는 것은 '신규 도면 제출'로 간주되어 보정으로 인정받지 못하고, 결과적으로 보정서가 반려될 수 있다.

2. 기재불비 외 거절 이유 통지 대응 및 보정서 · 의견서 작성 방법

디자인 심사에서 도면 기재불비가 아닌 신규성 위반 등의 거절 이유가 통지되는 경우가 있으며, 이 경우에도 상황에 따라 보정서와 의견서를 적절히 작성하여 제출함으로써 대응이 가능하다.

(1) 주요 문제 유형

- 선행 디자인과의 유사성에 따른 신규성 위반 지적
- 창작성 부족 지적
- 물품 명칭 및 물품류 부적절 지적

【상황 설정】

음식물 보관 용기 디자인 출원에 대해 심사관이 선행 디자인과 유사하다는 이유로 거절 이유 통지를 발송했다. 이때 ChatGPT에 다음과 같이 의견서 초안 작성을 요청할 수 있다.

선행 디자인과의 유사성을 이유로 거절이유통지를 받았다.
선행 디자인과의 차이점을 강조하면서 창작성 및 신규성을 주장하는 의견서 초안을 작성해 줘.

의견서 (초안)

본 출원 디자인과 인용된 선행 디자인은 아래와 같은 차이점이 존재하여, 유사성이 부정되고, 신규성 및 창작성도 충분히 인정될 수 있다고 판단합니다.

1. 형상적 차이
출원 디자인은 뚜껑 윗면에 절구 무늬가 형성되어 있는 반면, 선행 디자인은 단순한 평면 뚜껑으로 장식적 요소가 없습니다.

2. 장식적 구성 차이

출원 디자인은 본체 측면에도 물결무늬를 추가하여 심미감을 강조한 반면,
선행 디자인은 장식적 요소가 전무합니다.

3. 전체적 심미감 차이
출원 디자인은 전통적 절구 무늬와 현대적 물결무늬의 결합으로,
독창적이고 차별화된 심미감을 창출하고 있습니다.

따라서 본 디자인은 선행 디자인과 명확히 구별되며,
신규성과 창작성 요건을 충분히 충족함을 확인하여 주시기 바랍니다.

특히 여기서 주의할 점은, 신규성·창작성 위반 지적의 경우 의견서에서 선행 디자인과의 차별점을 주장하면서 거절 이유 판단을 제고해 달라는 방식으로 대응할 수 있을 뿐이며, 보정서를 통해 도면을 수정하는 방식으로는 거절 이유를 극복할 수 없다. 이는 보정서 제출이 허용되는 범위가 '기재불비 보완 등'에 해당하는 동일성 유지 범위로 한정되어 있기 때문이다.

따라서 신규성·창작성 위반이라는 근본적 문제가 지적되어 반박 주장이 어려운 경우에는 해당 출원을 취하·포기하고 신규성과 창작성을 충족하는 새로운 디자인으로 다시 출원하는 것이 바람직하다.

3. 창작성 부족 거절 이유 대응

디자인 심사에서는 '선행 디자인과의 유사성' 문제 외에도, 출원된 디자인 자체가 '창작성이 부족하다'는 이유로 거절될 수 있다. 이는 주로 해당 디자인이 '널리 알려진 형상'이거나 '기능을 확보하는 데 불가결한 형상'에 해당한다고 판단될 때 발생한다.

【상황 설정】

A사는 'USB 메모리 스틱' 디자인을 출원했다. 이 디자인은 별다른 장식 없이 표준적인 직사각형 USB 단자 형태가 몸체까지 그대로 이어진 극도로 단순한 형태이다.

이에 심사관은 "본원 디자인은 USB 연결 단자라는 '널리 알려진 형상'이자 '기능을 확보하는 데 불가결한 형상'을 그대로 채용한 것에 불과하며, 그 외에 별다른 창작적 요소가 결합되지 않아 창작성이 인정되기 어렵다."고 거절 이유 통지를 발송했다.

 USB 메모리 스틱 디자인이 '기능적 형상'이자 '널리 알려진 형상'이라는 이유로 창작성이 없다고 거절당했습니다.
이 디자인은 극도로 단순한 미니멀리즘을 구현한 것이 창작 의도입니다. 심사관의 논리를 반박하고, 이 디자인의 미적 가치와 창작성을 주장하는 의견서 논리 초안을 작성해 줘.

 심사관이 지적한 바와 같이, USB 단자 부분 자체는 기능적, 표준적 형상임은 인정합니다. 그러나 본원 디자인의 창작적 요점은 그 단자 형상에 있는 것이 아니라, 그 기능적 형상을 의도적으로 몸체 전체로 확장하여 구현한 '전체적인 조형미'와 '심미감'에 있습니다.

기능적 요구를 초월한 미적 선택:
통상의 USB 메모리는 단자 부분과 사용자가 잡는 손잡이(몸체) 부분이 명확히 구별되는 형태를 가집니다. 이는 기능적으로도, 제조상으로도 가장 일반적인 구성입니다. 하지만 본원 디자인은 이러한 일반적인 구성을 탈피하여, 의도적으로 단자와 몸체의 경계를 허물고 단일한 직사각형의 '바' 형태로 디자인하였습니다. 이는 기능적 필연성에 따른 결과가 아닌, 디자이너의 '미니멀리즘'이라는 명확한 미적 의도가 반영된 창작적 선택입니다.

전체로서의 심미감:
본원 디자인은 재질감, 비례감, 전체적인 통일감에서 기존 USB 메모리 디자인과는 완전히 구별되는 독창적인 심미감을 창출합니다. 예를 들어, 이음새 없는 단일 금속 소재의 질감, 무광 표면 처리, 손에 쥐었을 때의 비례감 등은 단순한 기능적 형상을 넘어선 고도의 디자인적 고려가 반영된 결과입니다.

따라서 본원 디자인은 '널리 알려진 형상'을 단순 모방한 것이 아니라, 그 형상을 창작의 '모티프'로 삼아 새로운 조형미를 창출한 것이므로 창작성이 인정되어야 합니다.

4. 부분 디자인 및 화상 디자인 거절 이유 대응

디자인 제도가 다양해지면서, 부분 디자인이나 화상 디자인 출원도 증가하고 있다. 이러한 특수한 디자인은 일반적인 디자인과 다른 이유로 거절될 수 있다.

【상황 설정】

'운동화 밑창'에 대한 부분 디자인을 출원하면서, 창작의 핵심인 트레드 패턴(바닥 문양)만 실선으로, 나머지 신발 형상은 점선으로 표시하여 제출했다.

이에 대해 심사관은 "도면에 실선으로 표시된 부분(트레드 패턴)만으로는 디자인의 대상이 되는 '물품'을 특정할 수 없고, 해당 부분이 전체 물품에서 차지하는 비중이나 역할을 이해하기 어려워 기재불비에 해당한다." 거절 이유를 밝혔다.

 운동화 밑창 '부분디자인'이 실선만으로는 물품을 알 수 없다고 기재불비 거절을 받았습니다. 부분디자인의 정당성을 주장하고, 도면을 보완하기보다 '디자인의 설명'란을 수정하여 대응하는 의견서 초안을 작성해 줘.

 **1. 의견서 논리:**
부분디자인 제도는 물품의 특정 부분에 표현된 독창적 디자인을 보호하기 위한 제도입니다. 본원 디자인은 '운동화 밑창'이라는 명확한 물품을 대상으로 하며, 점선은 그 물품의 전체적인 형상을, 실선은 창작의 핵심인 '트레드 패턴'을 명확히 구분하여 표시한 것입니다. 이는 부분디자인의 정석적인 표현 방식에 부합합니다.

보정서 (디자인의 설명 보완):
다만, 심사관이 물품과의 연관성을 쉽게 파악할 수 있도록 '디자인의 설명' 항목에 다음 내용을 추가하여 보정합니다.

(추가할 설명): '본 디자인은 운동화의 밑창 부분에 관한 것으로, 도면 중 실선으로 표시된 부분이 디자인 등록을 받고자 하는 창작의 핵심 부분임. 점선으로 표시된 부분은 디자인 등록을 받고자 하는 부분이 아님. 실선의 트레드 패턴은 기하학적 파형 무늬와 중앙의 로고가 결합된 형상으로, 미끄럼 방지 기능을 넘어 독창적인 시각적 심미감을 제공함.'

【상황 설정】

스마트폰 잠금 화면에서 사용자가 특정 제스처를 할 때 아이콘이 변화하는 '동적 화상 디자인'을 출원했다.

심사관은 "제출된 도면(정지 화면 3컷)만으로는 화상의 '연속적인 변화 과정'을 명확히 알 수 없다. 또한, 사용자의 '제스처'라는 조작 방식이 디자인의 요소인지 불분명하다."라는 취지로 등록을 거절하였다.

동적 화상디자인이 변화 과정을 알 수 없다고 거절당했습니다. 각 도면 사이의 변화를 설명하고 이것이 연속적임을 주장하는 '디자인의 설명' 보정안을 작성해 줘.

본원 디자인은 스마트폰 디스플레이에 표시되는 동적 화상디자인에 관한 것입니다. 제출된 도면 1 내지 3은 연속적인 동작의 한 주기를 보여주는 정지 화면입니다.

(추가할 설명): '본 디자인은 도면 1의 기본 아이콘 상태에서, 사용자가 화면을 터치하여 우측으로 드래그하는 조작(제스처)을 하면, 아이콘이 도면 2와 같이 점차 투명해지면서, 도면 3의 새로운 아이콘으로 완전히 변화하는 연속적인 시각 효과를 특징으로 함. 도면 1에서 3으로의 변화는 약 0.5초간 부드럽게 전환됨.'

5. ChatGPT 활용 시 주의 사항 정리

디자인 심사 대응 과정에서 ChatGPT를 활용하는 것은 매우 유용하지만, 그 결과물을 그대로 사용하는 것은 바람직하지 않다. ChatGPT는 법적 판단의 주체가 아니며, 특허청의 심사 기준이나 최신 판례를 실시간으로 반영할 수 있는 시스템도 아니다. 따라서 ChatGPT는 어디까지나 참고 자료로 활용하는 것이 적절하며, 반드시 아래와 같은 점을 유의해야 한다.

첫째, 심사관의 지적 사항은 개별 사건의 특수성과 해당 물품 분야의 관행까지 반영된 결과일 수 있다. 따라서 단순히 유사 사례를 ChatGPT로 검색해 유사하게 대응하는 것은 위험하다.

둘째, 의견서 작성 시에는 법적 논리성과 실무적 설득력이 모두 갖춰져야 한다. ChatGPT가 생성하는 문장은 초안으로 참고하고, 최종적으로는 출원인의 의도와 해당 디자인의 특수성을 반영한 맞춤형 의견서로 다듬는 과정이 반드시 필요하다.

셋째, 보정서는 도면의 수정 범위가 법적 제한을 받는 만큼, ChatGPT가 제안하는 수정 방향이 실제 보정 가능 범위를 벗어나지 않도록 전문가의 추가 검토가 필수적이다.

디자인 창작에 AI 활용하기

디자인 출원은 완성된 디자인을 법적으로 보호받기 위한 절차지만, 그 출원에 이르기까지의 디자인 창작 과정 또한 매우 중요하다. 창의적인 아이디어 발상부터, 시각화·구체화 단계까지 거쳐야 하는 이 과정은 디자이너들의 감각과 경험이 크게 작용하는 영역이다.

최근에는 이 창작 과정에서도 AI, 특히 ChatGPT를 적극적으로 활용하려는 시도가 늘고 있다. ChatGPT는 텍스트 기반의 생성형 AI지만, 디자인 아이디어 발상·콘셉트 설정·트렌드 분석·콘셉트별 키워드 확장 등 다양한 형태로 창작의 출발점과 과정에 도움을 줄 수 있다. 이 장에서는 디자인 창작 단계별로 ChatGPT를 어떻게 활용할 수 있는지를 구체적으로 살펴본다.

1. 제품 디자인 아이디어 발상과 콘셉트 설정

디자인 창작의 첫 단계는 무엇을, 어떤 느낌으로 디자인할지 방향을 정하는 일이다. 이때 ChatGPT는 아래와 같은 방식으로 디자이너의 창의적 발상을 지원할 수 있다.

【상황 설정】

 '캠핑용 보온병'의 새로운 디자인을 구상하려 한다.
최근 트렌드 분석과 함께 캠핑이라는 키워드와 어울리는 디자인 콘셉트와 분위기를 제안해 줘.
또한, 캠핑 감성을 살릴 수 있는 시각적 요소들도 정리해 줘.

 [캠핑용 보온병 디자인 콘셉트 제안]

1. 자연친화 콘셉트
- 소재: 친환경 소재(대나무, 리사이클 알루미늄)
- 색상: 어스톤 계열(카키, 브라운, 샌드)
- 장식 요소: 나뭇잎 패턴, 산·강·나침반 등의 아이콘 추가

2. 레트로 감성 콘셉트
- 소재: 금속 광택 알루미늄
- 색상: 빈티지 오렌지, 레드, 다크브라운
- 장식 요소: 80년대 폰트 로고, 빈티지 브랜드 라벨 느낌

3. 첨단 기능 콘셉트
- 소재: 고강도 탄소섬유 + LED 디스플레이 패널
- 색상: 블랙 + 네온 포인트
- 기능 추가: 실시간 온도 표시, 음성 안내 기능

2. 로고·캐릭터 기반의 디자인 창작 활용

제품 브랜드의 아이덴티티를 강조하는 로고나 캐릭터 디자인에서도 ChatGPT는 다양한 컨셉과 방향성을 제안할 수 있다.

【상황 설정】

 캠핑 브랜드 'CAMP IN'의 브랜드 로고와 마스코트 캐릭터를 개발하려 한다. 브랜드의 자연친화적 감성과, 야외활동의 활기찬 느낌을 살릴 수 있는 방향으로 로고 디자인 콘셉트와 캐릭터 디자인 아이디어를 제안해 줘.

 [브랜드 로고 콘셉트 제안]
- 폰트: 손글씨 느낌의 부드러운 곡선 폰트
- 색상: 녹색·갈색·파랑 계열의 자연색 활용
- 상징 요소: 텐트 아이콘, 산봉우리 실루엣, 나뭇가지 장식

[캐릭터 디자인 아이디어]
- 콘셉트: 숲속에서 길을 안내해 주는 작은 다람쥐
- 특징: 등에는 미니 백팩, 손에는 나침반
- 표정: 활기차고 친근한 느낌
- 색상: 갈색 몸통 + 초록색 백팩 포인트

디자인 출원을 위한 고려 사항

로고나 캐릭터 자체를 디자인으로 보호받는 것은 불가능하다. 디자인보호법에서는 물품성이 있어야 디자인 등록이 가능하기 때문에 로고나 캐릭터를 보호하려면 특정 물품과 결합된 형태로 출원해야 한다.

로고나 캐릭터를 디자인으로 보호받는 방법으로는 다음과 같은 방식이 있다.

1. 로고가 포함된 평면 또는 입체 물품의 디자인 출원 (예: 로고가 부착된 머그컵, 스마트폰 케이스)

2. 캐릭터가 그려진 평면 또는 입체 물품의 디자인 출원 (예: 캐릭터가 인쇄된 티셔츠, 노트북 스티커)

3. 로고 또는 캐릭터의 형상을 그대로 반영한 물품의 디자인 출원 (예: 캐릭터 모

양의 키링, 인형)

또한, 로고나 캐릭터는 디자인 출원이 아니라 상표 출원을 통해 보호받을 수도 있다. 디자인과 상표의 차이점을 비교해 보고, 적절한 보호 방식을 선택하는 것이 중요하다. 그리고 이와 같이 적절한 보호 방법이 무엇일지 검토하는 과정에서는 지식 재산권에 대한 전반적인 이해가 바탕이 되어야 하므로 변리사와의 상담이 적극적으로 요구되는 영역이기도 하다.

3. 화상/화면 디자인 창작 활용

최근에는 스마트 기기 화면에서 구현되는 화면 디자인의 출원도 늘어나고 있다. 이때 ChatGPT는 트렌드 분석과 기능적 요소 정리, 시각적 구성 제안 등에 활용될 수 있다.

【상황 설정】

스마트워치의 운동 기능 화면 디자인을 구상하려 한다.
요즘 운동 트렌드와 사용자 경험을 고려한 기능 구성과 화면 디자인 콘셉트를 제안해 줘.

[운동기능 화면 디자인 콘셉트 제안]
1. 운동 트렌드 분석
   - '소셜 운동 챌린지' 증가
   - 실시간 운동 데이터 공유 선호
   - AI 운동 코치 기능 선호 증가

2. 화면 구성 제안
   - 홈 화면: 오늘의 목표 + 남은 칼로리
   - 운동 중 화면: 실시간 심박수 + 현재 속도 + AI 코치 음성 메시지
   - 기록 화면: 일별·주별 기록 그래프 + 친구와 비교 순위표

디자인 출원을 위한 고려 사항

앞서 설명한 화면 디자인과 비슷한 듯 보이지만, 그와 명확히 구분되는 출원 형식으로서 '화상 디자인'이 있다. 화면 디자인과 화상 디자인은 도면의 표현 방식과 보호 범위에서 조금씩 차이를 나타낸다.

화상 디자인은 전자 기기 디스플레이뿐만 아니라 벽, 바닥 등 외부 공간에 투영되는 화상도 보호 대상이 될 수 있다. 따라서 도면 작성 시 화상(그래픽 형태)만 단독으로 표현하는 것이 가능하다.

화면 디자인은 전자 기기의 디스플레이에 나타나는 경우에만 보호받을 수 있다. 즉 화면 디자인으로 보호받으려면 디스플레이 장치(예: 스마트폰, 태블릿)와 함께 표현해야 한다.

이와 같이 두 가지 출원 형식이 존재하기 때문에 일반적으로 화상과 관련한 디자인을 창작한 경우에는 화면 디자인 또는 화상 디자인 중 어느 하나의 출원 형식을 선택하여 출원하게 된다. 전자 기기의 디스플레이에 나타나는 화상을 창작한 경우에는 화면 디자인의 출원 형식을 갖춘 경우가 대다수이며, 이 경우 디자인 도면에 디스플레이 장치의 형상을 함께 표현해야 함을 유의할 것이다. 그리고 외부 공간에 투영되는 화상(예를 들어, 책상에 투영시키는 가상 키보드 등)을 창작한 경우에는 그 화상만을 디자인 도면에 표현하여 출원하면 된다.

4. 인쇄 · 전사 이미지 기반 디자인 창작 활용

포장지, 벽지, 섬유 패턴 등 2D 이미지 형태로 디자인을 창작해야 하는 경우에도 ChatGPT는 다양한 패턴 아이디어를 제공할 수 있다.

【상황 설정】

 어린이용 도시락 가방에 사용할 패턴 디자인을 구상하려 한다.
밝고 명랑한 느낌의 패턴 아이디어를 제안해 줘.

 [어린이 도시락 가방 패턴 아이디어]
- 동물 친구 패턴: 강아지, 고양이, 토끼가 손잡고 걷는 패턴
- 놀이공원 패턴: 회전목마, 풍선, 아이스크림
- 알파벳 패턴: 알파벳 A~Z를 귀여운 동물 캐릭터로 변형
- 우주 탐험 패턴: 우주선, 행성, 외계인 캐릭터의 반복 배열

디자인 출원을 위한 고려 사항

그림이나 사진이 인쇄된 물품을 디자인 출원하는 경우, 그림이나 사진 부분이 디자인에서 가장 핵심적인 특징이 되므로 이를 부분 디자인으로 출원하면 보다 강력한 보호가 가능하다. 부분 디자인이라는 개념은 다소 복잡한 법리적 이해를 기반으로 설명되어야 하므로 여기서는 디자인 물품 중 가장 핵심적인 창작 부분만을 보호 대상으로 하여 주요 창작 요소를 집중 보호하는 출원 형식이라고 간략히 설명해 두겠다. 만약 티셔츠 디자인을 출원하면서 그 티셔츠 중앙에 인쇄된 그림이나 사진 부분을 보호 대상으로 한 부분 디자인 출원 형식을 따르는 경우, 보호 대상이 되지 않는 티셔츠의 나머지 형상 부분은 다른 디자인과의 유사성 판단 시 고려 대상에서 제외된다. 즉 부분 디자인의 보호 대상으로 정한 부분만 모방한 티셔츠에 대해서도 디자인권 침해가 성립할 수 있게 되는 것이다.

또한, 디자인 물품에 인쇄된 패턴이 일정하게 반복되는 경우에는 그 디자인 물품의 원단이 된 직물지를 대상으로 디자인 출원하는 것이 유리할 수 있다. 이 경우, 직물지를 대상으로 출원하면 동일한 패턴이 적용된 다양한 제품에 대해 권리를 주장할 수 있는 장점이 있다. 직물지에 관한 디자인 출원을 하는 경우 제출 도면에는 패턴이 반복됨을 명확히 표현해야 하며, 필요시 확대 도면을 포함하여 상세한 패턴 구조를 설명하는 것이 바람직하다.

5. 이미지 생성 AI를 이용한 디자인 창작

디자인 창작 과정에서 텍스트 기반의 ChatGPT뿐만 아니라, 이미지를 직접 생성하는 AI 툴도 적극적으로 활용될 수 있다. 이미지 생성 AI는 특정 스타일의 제품 디자인, 패턴, 로고, 캐릭터 등 디자인 요소를 빠르게 시각화하는 데 강력한 도구가 될 수 있다.

이 장에서는 대표적인 2가지 이미지 생성 AI 툴을 소개하고, 이를 디자인 창작에 활용하는 방법을 살펴본다.

(1) 미드저니(Midjourney)를 활용한 디자인 아이디어 생성

Midjourney는 텍스트 입력만으로 다양한 스타일의 이미지를 생성할 수 있는 AI 툴이다. 디자이너들은 Midjourney를 활용해 콘셉트 아트, 제품 디자인, 패턴 등의 아이디어를 빠르게 얻을 수 있다.

미드저니(Midjourney) 사용 방법

1. 디스코드(Discord) 서버 가입 후 Midjourney 봇 사용
2. "/imagine" 명령어를 입력하고 원하는 디자인 콘셉트를 설명하는 프롬프트 작성
3. AI가 생성한 이미지를 확인하고, 필요한 경우 추가 수정

[예제] 미드저니(Midjourney)를 활용한 디자인 창작

【상황 설정】

 캠핑용 텀블러의 새로운 디자인을 창작하려 한다.
Midjourney에 입력할 프롬프트를 작성해 줘.

 modern minimalist camping tumbler, sleek stainless steel, matte finish, nature-inspired engraving, soft pastel color scheme, high-detail, professional product photography

Midjourney를 실행하여 위와 같은 프롬프트를 입력하면, 해당 설명에 맞는 고해상도 제품 디자인 이미지를 자동으로 생성해 준다.

미드저니(Midjourney) 활용 팁

- 구체적인 스타일과 소재를 명시하면 더 정교한 결과를 얻을 수 있다.
- 원하는 디자인을 참고 이미지로 업로드하면 더욱 일관된 디자인을 생성할 수 있다.
- 생성된 이미지에서 일부 요소만 변경할 수도 있으므로, 반복적인 조정을 통해 원하는 디자인을 완성할 수 있다.

(2) 스테이블 디퓨전(Stable Diffusion)을 활용한 패턴 및 그래픽 디자인

Stable Diffusion은 오픈소스로 제공되는 이미지 생성 AI로, 사용자가 보다 자유롭게 커스텀 설정을 하며 디자인을 생성할 수 있는 강점이 있다. 특히 반복적인 패턴 디자인, 벽지, 텍스타일 디자인, 캐릭터 디자인 등에 유용하게 활용될 수 있다.

스테이블 디퓨전(Stable Diffusion) 사용 방법

1. 로컬 PC 또는 클라우드 서비스에서 Stable Diffusion 설치 및 실행
2. 텍스트 프롬프트 입력하여 원하는 디자인 스타일 지정
3. ControlNet, Inpainting 등의 추가 기능을 활용하여 세부 디자인 수정

[예제] 스테이블 디퓨전(Stable Diffusion)을 활용한 패턴 디자인

【상황 설정】

 어린이용 가방에 사용할 패턴 디자인을 창작하려 한다.
Stable Diffusion에 입력할 프롬프트를 작성해 줘.

 seamless pattern of cute animals, bright pastel colors, hand-drawn style, playful and energetic, high-resolution

Stable Diffusion은 이 프롬프트를 바탕으로, 밝고 귀여운 반복 가능한 패턴 디자인 이미지를 생성해 줄 수 있다.

스테이블 디퓨전(Stable Diffusion) 활용 팁

• ControlNet 기능을 활용하면 기존 디자인을 기반으로 변형 가능
• Inpainting 기능을 사용하면 특정 영역만 재생성하여 수정 가능
• 특정 색상 조합, 스타일을 세밀하게 조정하여 다양한 디자인 시안 생성 가능

한편, 이와 같은 이미지 생성 AI 활용 시에는 아래의 사항들을 유의해야 한다.

1. AI가 생성한 디자인의 법적 보호 여부를 검토해야 한다.
   ◦ AI가 만든 디자인이 기존의 선행 디자인과 유사한 경우, 신규성이 인정되지 않을 수 있다.
   ◦ 디자인 출원 전에 선행 디자인 검색을 통해 유사성을 검토하는 과정이 필수적이다.
2. AI의 출력물은 원본 디자인이 아닌 참고 자료로 활용하는 것이 바람직하다.
   ◦ AI가 생성한 이미지를 직접 디자인 도면으로 활용하기보다는, 이를 기반으로 추가적인 편집 및 변형을 거쳐 최종 디자인을 완성하는 것이 더 효과적이다.

3. AI가 생성한 디자인은 저작권 문제를 검토해야 한다.

   ◦ AI 툴에 따라 생성된 이미지의 저작권 귀속이 다를 수 있으므로, 상업적 사용 가능 여부를 반드시 확인해야 한다.

정리

이제 AI는 단순한 보조 도구를 넘어, 디자인 창작 과정에서 핵심적인 역할을 수행하는 단계로 발전하고 있다. ChatGPT를 활용해 아이디어를 정리하고, Midjourney나 Stable Diffusion 같은 AI 툴을 이용해 디자인을 시각화하며, 이를 다시 정제하여 디자인 출원까지 연결하는 방식으로 활용할 수 있다.

다만, AI 생성 디자인을 직접 출원하기 전에 신규성 검토 및 법적 보호 가능성 분석이 필수적이며, 이 과정에서 변리사의 조언을 받는 것이 바람직하다.

3

상표

ChatGPT와 상표법의 만남

최근 인공지능 기술의 급속한 발전으로 ChatGPT와 같은 대화형 AI가 법률 분야에서도 활용되기 시작했다. 상표 업무 영역에서는 ChatGPT가 상표 검색, 분류 선정, 출원 서류 작성 등 다양한 실무 단계에 필요한 정보를 신속하게 제공해 실무자들의 업무 효율성을 높이는 도구로 주목받고 있다. 이 장에서는 ChatGPT가 상표 출원 과정에서 제공할 수 있는 도움의 범위와 한계점을 살펴본다.

1. 상표법에 따른 상표의 개념

상표법상 상표란, 자기의 상품이나 서비스를 다른 사람의 것과 구별하기 위해 사용하는 기호, 문자, 도형, 입체적 형상 또는 이들의 결합, 혹은 이와 결합된 색채나 소리, 냄새 등의 표지를 말한다. 상표로 등록되기 위해서는 식별력이 있어야 하며, 이미 사용되거나 등록된 상표와 동일하거나 유사하지 않아야 하는 신규성도 요구된다. 또한, 상표가 공공 질서나 선량한 풍속에 반하지 않아야 하고, 타인의 권리를 침해하지 않아야 한다. 이처럼 상표 등록을 위해서는 식별력, 신규성, 공서양속 위배 여부, 타인의 선사용권 및 권리와의 충돌 가능성 등을 종합적으로 검토해야 하며, ChatGPT는 이러한 법적 요건을 고려하여 상표 구성의 적정성 여부를 사전 진단하거나, 유사 상표 분석 및 분류 선정 등의 실무를 보완하는 도구로 활용될 수 있다.

2. ChatGPT가 상표 출원 과정에서 제공할 수 있는 도움의 범위

(1) 상표 검색 및 분석 지원

ChatGPT는 상표 검색 키워드 추천과 유사 상표 분석을 위한 기준 제시가 가능하다. 예를 들어, 커피숍을 위한 상표 출원 시 검색해야 할 유사군과 관련 키워드를 제안하거나, 기존 등록된 유사 상표들과의 차별점을 분석하는 데 도움을 줄 수 있다.

(2) 상품 및 서비스업 분류 지원

상표 출원 시 가장 중요한 상품 및 서비스업 분류 선정에 있어, ChatGPT는 유사한 상품군 추천과 적절한 분류 코드 식별을 지원할 수 있다. 특히 니스 분류나 유사군 코드와 관련된 정보를 신속하게 제공할 수 있다.

(3) 출원 서류 작성 보조

상표 출원 서류 작성 시 필요한 상표의 설명이나 지정 상품의 설명 등을 작성하는 데 도움을 받을 수 있다. ChatGPT는 법적 요건에 맞는 문구 작성을 지원하고, 일반적인 오류를 피하는 데 도움을 줄 수 있다.

2장

상표 검색과 분석

상표 검색과 분석은 성공적인 상표 출원을 위한 핵심 단계다. 하지만 현재 ChatGPT는 특허청의 상표 데이터베이스에 직접 접근할 수 없어 실시간 상표 검색은 불가능하다. 따라서 선행 상표 검색은 특허정보 검색 서비스(KIPRIS) 등 공식 데이터베이스를 통해 수행해야 하며, ChatGPT는 검색된 상표들의 유사성 분석과 회피 전략 수립에 활용할 수 있다.

1. ChatGPT를 활용한 선행 상표 분석 방법

KIPRIS에서 발견한 동일·유사 상표에 대해 ChatGPT를 활용하여 체계적인 분석이 가능하다. 특히 식별력 판단, 유사성 분석, 거절 가능성 예측 등에 도움을 받을 수 있다.

【상황 설정】

카페 프랜차이즈 사업을 준비 중인 A씨가 '카페블루밍'이라는 상표를 출원하려고 한다. KIPRIS에서 검색해 보니 '블루밍가든'과 '카페블룸'이라는 선행 상표가 검색되었다. A씨는 이 상표들과의 유사성을 분석하고 거절 가능성을 예측하기 위해 ChatGPT에 다음과 같이 질문했다.

 다음 상표들의 유사 여부를 분석해 주세요:
출원상표: '카페블루밍'(지정상품: 커피전문점업)
선행상표 1: '블루밍가든'(지정상품: 커피 제조 판매업)
선행상표 2: '카페블룸'(지정상품: 제과점업)

다음 기준으로 분석해 주세요:
1. 식별력 판단 - '카페'와 '블루밍' 각각의 식별력 분석
2. 칭호/외관/관념의 유사성
3. 지정상품의 유사성
4. 전체적인 거절 가능성

 **상표 유사성 분석 요약**

출원상표 '카페블루밍'(커피전문점업)의 유사성 분석 결과:

1. 식별력: '카페'는 식별력이 낮고, '블루밍'은 식별력이 높음.
2. 선행상표 1 '블루밍가든'과의 비교: 식별력 있는 '블루밍' 부분이 공통되고 지정 상품이 유사하여 거절 가능성 중간~높음.
3. 선행상표 2 '카페블룸'과의 비교: 칭호/외관/관념 모두 유사성이 높고 지정상품 도 유사하여 거절 가능성이 매우 높음.
4. 종합: '카페블룸'과의 높은 유사성으로 상표법 제34조 제1항 제7호에 따른 거절 가능성이 매우 높으므로 상표 구성 변경이나 선행상표권자와의 동의서 확보 등 을 검토 권장

2. 유사 상표 분석과 회피 전략 수립

ChatGPT는 발견된 유사 상표들과의 차별화 전략을 수립하는 데 도움을 줄 수 있다. 특히 식별력이 약한 부분을 보완하고, 유사 상표와의 차별성을 강화하는 방 안을 제시할 수 있다.

【상황 설정】

A씨는 선행 분석 결과, '카페블루밍' 상표가 기존 상표들과 유사하여 거절될 가능성이 있다는 것을 확인했다. 이에 상표의 식별력을 강화하고 차별화할 수 있는 방안을 모색하기 위해 ChatGPT에 다음과 같이 질문했다.

'카페블루밍' 상표의 식별력 문제와 유사 상표 문제를 해결하기 위한 방안을 제시해 주세요:
1. '카페' 부분의 불사용 또는 도형 결합 방안
2. '블루밍' 부분의 식별력 강화 방안
3. 선행상표들과의 차별화를 위한 구체적 변형 방안
4. 지정상품 조정 검토

'카페블루밍' 상표 개선 방안

1. '카페' 부분의 불사용 또는 도형 결합 방안
- '카페' 대신 독특한 명칭 사용: 'BLOOMING COFFEE', 'B-MING', '블루밍 커피하우스' 등으로 변경
- 독특한 도형 요소 결합: 꽃이 피어나는 모양과 커피잔을 결합한 로고 디자인으로 식별력 강화
- 스타일화된 글자체 사용: '카페'를 특별한 글자체로 디자인하여 단순 명칭이 아닌 도형화된 요소로 표현

2. '블루밍' 부분의 식별력 강화 방안
- 조어 활용: '블루밍'을 변형한 '블루밍고', '블루밍카', '블루밍스' 등의 조어 사용
- 합성어 활용: '블루미너스', '블루밍타임', '블루밍웨이브' 등 다른 단어와 결합
- 의미 변화: 발음은 유지하되 'BLUMING'처럼 철자를 변형하여 관념적 차별성 부여

3. 선행상표들과의 차별화를 위한 구체적 변형 방안
- 한글-영문 혼합: '블루밍 CAFE' 또는 'BLOOMING 다방'처럼 언어 조합으로 차별화
- 지역명 추가: '강남 블루밍', '서울 블루밍' 등 지역명을 추가하여 차별성 확보
- 접두어/접미어 추가: '더 블루밍', '블루밍 플러스', '블루밍 by 김사장' 등 차별적 요소 추가

4. 지정상품 조정 검토
- 특화 서비스 지정: '유기농 커피 전문점업', '원두 로스팅 및 판매업' 등 특화된 서비스로 범위 축소

- 복합 서비스 지정: '카페 겸 꽃 판매업', '커피와 꽃차 전문점업' 등 차별화된 복합 서비스로 지정
- 비유사군 서비스 추가: 기존 유사군 외에 '커피 관련 교육업', '커피 체험 서비스업' 등 추가

3. 상표 분쟁 가능성 예측과 대응 방안

상표 등록 후 발생할 수 있는 분쟁 가능성을 사전에 예측하고 대응 방안을 수립하는 데 ChatGPT를 활용할 수 있다. 특히 식별력이 약한 표장을 포함한 상표의 경우, 향후 발생할 수 있는 분쟁 상황을 예측하고 대비하는 것이 중요하다.

【상황 설정】

A씨는 상표 등록 후에도 발생할 수 있는 잠재적 분쟁 상황에 대비하고자 한다. 특히 '블루밍'이라는 단어를 포함한 다른 상표들이 등장할 경우, 어떻게 대응해야 할지 ChatGPT에 조언을 구했다.

 '카페블루밍' 상표와 관련하여 예상되는 분쟁 시나리오와 대응 방안을 검토해 주세요:
1. '블루밍' 관련 신규 출원이 있을 경우의 대응
2. 유사한 발음의 신규 상표 출원에 대한 대응
3. 지정상품 확장 시 발생할 수 있는 문제

 '카페블루밍' 상표 관련 분쟁 시나리오 및 대응 방안 검토

1. '블루밍' 관련 신규 출원이 있을 경우의 대응

예상 시나리오:
- 타인이 '블루밍커피', '블루밍티', '블루밍베이커리' 등 유사한 상표를 출원
- 귀사의 '카페블루밍' 상표보다 높은 식별력을 가진 상표로 출원될 가능성

대응 방안:

- 상표 모니터링 시스템 구축: 유사 상표 출원 즉시 파악하여 신속 대응
- 이의신청 제기: 상표등록 출원공고 후 2개월 이내 유사성을 근거로 이의신청
- 선사용 증거 확보: 영업 개시일, 광고·홍보 자료, 매출 증빙 등 선사용 입증 자료 지속 관리
- 소비자 인지도 조사: 필요시 '카페블루밍'에 대한 인지도 조사를 통해 식별력 입증

2. 유사한 발음의 신규 상표 출원에 대한 대응

예상 시나리오:
- '카페블루밍'과 발음이 유사한 '카페블루밍스', '카페플루밍', '카페브룸' 등의 상표 출원
- 영문으로 'Cafe Blooming', 'Café Bluming' 등 형태의 유사 상표 출원

대응 방안:
- 칭호 유사성 주장: 소비자 혼동 가능성을 중심으로 칭호 유사성 강조
- 영문·한글 병기 상표 추가 등록: 다양한 표현 방식을 포괄하는 방어적 상표 출원
- 사용 증거 강화: 상표 사용 방식의 일관성 유지 및 증거 축적
- 도메인 선점: 유사 발음의 도메인 사전 확보로 방어력 강화
- 법률 검토: 상표권 침해 여부에 대한 전문가 검토 및 필요시 경고장 발송

3. 지정 상품 확장 시 발생할 수 있는 문제

예상 시나리오:
- 커피 관련 제품(원두, 캡슐 등), 식품류, 프랜차이즈 사업으로 확장 시도
- 선행상표권자들이 이미 관련 상품군에 권리를 확보한 경우 충돌 발생

대응 방안:
- 사전 조사: 확장 예정 지정상품군에 대한 철저한 상표 검색
- 상표 동의서 확보: 선행상표권자와 협상을 통한 상표 사용 동의서 획득
- 차별화된 상표 변형: 확장 상품군에 대해서는 '블루밍플러스', '블루밍셀렉션' 등 차별화된 브랜드 개발
- 상표 포트폴리오 구축: 핵심 상품군별로 차별화된 상표 시리즈 개발
- 지정상품 범위 세분화: 지나치게 광범위한 지정보다 실제 사용 예정인 구체적 상품으로 한정하여 거절 가능성 감소

4. 상표의 식별력 스펙트럼 분석

상표 출원 및 분쟁 대응의 핵심은 '식별력'을 판단하는 것이다. 식별력이란 수요자가 그 상표를 보고 '누구의 상품'인지 알아볼 수 있는 힘을 말한다. 식별력이 없는 상표는 등록 받을 수 없다.

ChatGPT는 추상적인 식별력의 개념을 구체적인 사례로 설명하고, 출원하려는 상표가 식별력이 있는지 분석하는 데 도움을 줄 수 있다.

【상황 설정】

신규 커피 브랜드를 론칭하려는 사업가가 '식별력'의 개념과, 자신이 생각한 상표명 후보들의 등록 가능성을 알고 싶어 한다.

 상표의 '식별력'에 대해 설명해 줘. '조어상표', '임의상표', '암시상표', '기술상표'가 각각 무엇인지 커피 브랜드의 예시를 들어 설명해 줘. 그리고 각 상표의 등록 가능성이 어떻게 다른지 알려줘.

 상표의 식별력은 강한 순서대로 '조어 상표', '임의 상표', '암시 상표', '기술 상표', '보통 명칭'으로 나눌 수 있습니다.

조어 상표: 세상에 없던 단어를 새로 만들어낸 상표. 식별력이 가장 강력합니다.
예시: "크레벅스" (커피와 아무 관련 없는 조어)
등록 가능성: 매우 높음.

임의 상표: 기존에 있던 단어지만, 지정상품과는 아무런 관련이 없는 상표.
예시: "블루버드" (커피와 무관한 '파랑새'라는 단어 사용)
등록 가능성: 높음.

암시 상표 (Suggestive Mark): 상품의 품질, 성질, 효능 등을 간접적으로 암시하는 상표.
예시: "모닝업" (아침에 마시면 잠이 깬다는 것을 암시)
등록 가능성: 비교적 높으나, '기술상표'에 가깝다는 거절이유를 받을 수 있음.

기술 상표 (Descriptive Mark): 상품의 성질이나 품질을 직접적으로 설명하는 상표.

예시: "진한 커피", "프리미엄 핸드드립"

등록 가능성: 원칙적으로 등록 불가. 다만, 오랫동안 사용하여 수요자에게 널리 알려진 경우(사용에 의한 식별력) 예외적으로 등록 가능.

이러한 분석을 통해 출원인은 자신의 상표가 '기술상표'에 가까워 거절 가능성이 높은지, 아니면 '임의상표'에 가까워 강력한 권리를 가질 수 있는지 사전에 판단하고 상표명 개발 전략을 수정할 수 있다.

5. 비전형 상표 출원 지원

최근에는 문자나 도형을 넘어 입체적 형상, 색채, 소리 등 '비전형 상표' 출원에 대한 관심이 높다. 이러한 상표는 일반 상표와 등록 요건이 다르고 출원서 작성 방식도 까다롭다.

【상황 설정】

한 음료 회사가 독특한 곡선미를 가진 '주스 병 모양' 자체를 '입체상표'로 등록받고자 한다.

입체상표를 출원하려고 해. 코카콜라 병 같은 '병 모양'을 상표로 등록 받기 위한 핵심 요건은 무엇이야? 그리고 이 경우 출원서의 '상표의 설명' 항목은 어떻게 작성해야 해?

핵심 등록 요건 입체상표가 등록되기 위한 핵심 요건은 다음과 같습니다.

기능성 배제: 그 형상이 상품의 기능을 발휘하는 데 '불가결한' 형상이 아니어야 합니다. 만약 그 병 모양이 '손에 쥐기 편한' 기능만으로 이루어졌다면 등록이 어렵습니다.

자타상품 식별력: 가장 중요한 요건으로, 수요자들이 그 '병 모양' 자체만 보고도 "아, 그 회사 제품이구나"라고 인식할 수 있어야 합니다. (이를 '사용에 의한 식별력' 또는 '2차적 의미' 획득이라고 합니다.)

'상표의 설명' 작성 예시 입체상표는 여러 각도에서 본 도면(디자인 출원과 유사)과 함께 상표의 특징을 명확히 설명하는 글이 필요합니다.

"1. 본 상표는 '주스 병'에 관한 입체적 상표입니다.

2. 도면 1.1은 상표의 전체적인 형태를 나타내는 사시도, 도면 1.2는 정면도, 도면 1.3은 측면도, 도면 1.4는 평면도입니다.

3. 본 상표는 병의 상단부에서 하단부로 이어지는 S자 형태의 독특한 곡선과, 표면에 음각으로 새겨진 물결무늬의 조화를 통해 타사의 병 제품과 구별되는 현저한 특징을 가집니다. 이 형상은 출원인의 장기간 판매 및 광고를 통해 수요자에게 널리 인식되었습니다."

이처럼 ChatGPT는 색채상표, 소리상표, 동작상표 등 까다로운 비전형 상표의 출원 전략을 수립하고 서류 초안을 작성하는 데 유용하게 활용될 수 있다.

ChatGPT 활용 시 주의사항

- 실제 법적 판단은 특허청 심사관과 법원의 몫이므로 ChatGPT의 분석은 참고 자료로만 활용해야 한다.
- 식별력 판단과 유사성 판단은 거래 실정이나 시장 상황에 따라 달라질 수 있으므로 실제 시장조사도 필요하다.
- 분쟁 가능성 예측 시에는 최신 판례와 심사기준을 반드시 확인해야 하며, ChatGPT의 제안은 예비 검토 단계에서의 참고 사항으로 활용해야 한다.
- 상표 전략 수립 시에는 법적 검토만이 아닌 비즈니스 관점 및 브랜드 가치도 고려해야 한다.

상표 출원 서류 작성의 실제

상표 출원 서류 작성에서 가장 중요한 것은 정확한 지정상품·서비스업의 선정이다. ChatGPT는 이 과정에서 유용한 도구로 활용될 수 있으며, 출원 서류의 검토와 보완에도 도움을 줄 수 있다.

1. ChatGPT를 활용한 상품 · 서비스업 분류 선정

상품·서비스업 분류 선정은 상표권의 보호 범위를 결정하는 중요한 요소다. ChatGPT는 다음과 같은 측면에서 도움을 줄 수 있다.

【상황 설정】

신규 카페 브랜드를 론칭하려는 창업자 B씨는 '블루밍' 브랜드로 상표 출원을 준비 중이다. 카페 프랜차이즈로 사업을 확장할 계획도 있어 적절한 지정상품과 서비스업 분류가 필요하다. B씨는 특허청에서 제공하는 고시상품 명칭/유사상품 심사기준 파일을 첨부하고 ChatGPT에 다음과 같이 질문했다.

 '블루밍' 브랜드로 카페 프랜차이즈 사업을 시작하려고 합니다.
첨부한 파일을 참고하여 다음 사항의 지정상품·서비스업을 추천해 주세요:
1. 핵심 사업 영역(카페)에 필요한 류와 지정상품
2. 각 류별 대표적인 유사군코드
3. 자주 사용되는 포괄 명칭

 '블루밍' 브랜드의 카페 프랜차이즈 출원을 위한 지정상품·서비스업 분류를 다음과 같이 정리했습니다. 이는 2025년 특허청 고시 자료를 기반으로 하며, **정확한 유사군코드**를 포함하고 있습니다.

1. 핵심 사업 영역(카페)에 필요한 류와 지정 상품

제30류 (식품류)
  * 지정상품 예시:
  * 커피, 커피음료, 초콜릿, 쿠키, 케이크, 팬케이크, 샌드위치 등

주요 유사군코드:
 * `G0502` – 커피 및 커피음료
 * `G0301` – 케이크, 쿠키, 초콜릿 등 제과류
 * `G0206` – 샌드위치 등 즉석 조리 식품

제43류 (식음료 제공업)
  * 지정 서비스 예시:
  * 카페업, 커피숍업, 커피전문점업, 테이크아웃 서비스, 포장음식 제공업 등

주요 유사군코드:
  * `S120602` – 식음료 제공업
  * `G0301, G0502` 등은 연계되는 식품 유사군

2. 각 류별 대표 유사군 코드 정리

류	대표 유사군코드	설명	
30	G0502	커피, 커피음료, 코코아	
30	G0301	초콜릿, 케이크, 쿠키 등 제과류	
30	G0206	샌드위치, 팬케이크 등 간편식	
43	S120602	식음료 제공 서비스업	

3. 자주 사용되는 포괄 명칭 예시

* "커피 및 커피음료"
* "베이커리 및 제과 제품"
* "카페 운영업"
* "프랜차이즈 운영 자문 및 관리 서비스"
* "식음료 제공업"
* "레스토랑 서비스업"
* "포장 음식 제공 및 배달 서비스"
* "디저트 카페 및 음료 전문점"

2. 다류 출원 전략 수립

사업 확장성을 고려한 다류 출원 전략을 수립할 때 역시 ChatGPT를 활용할 수 있다.

【상황 설정】

B씨는 카페 사업을 넘어 머그컵, 텀블러 등의 굿즈 판매와 프랜차이즈 사업까지 확장할 계획이다. 이러한 사업 계획에 맞는 효과적인 다류 출원 전략이 필요하여 ChatGPT에 구체적인 조언을 구했다.

'블루밍' 브랜드로 카페를 시작하려고 합니다. 향후에는 머그컵이나 텀블러 같은 제품도 판매하고, 프랜차이즈 사업도 할 계획입니다. 상표 출원을 위해 다류출원 전략이 필요한데, 어떤 류에 어떤 상품과 서비스를 지정해야 할지 잘 모르겠습니다.

카페 사업과 관련하여:
1. 머그컵, 텀블러 등 관련 상품은 어떤 류에 등록해야 하나요?
2. 프랜차이즈 사업 관련 서비스는 어떤 류에 등록해야 하나요?
각 류별로 대표적인 유사군코드와 포괄 명칭도 함께 알려주세요.

 카페 사업과 관련하여

1. 머그컵, 텀블러 등 관련 상품은 어떤 류에 등록해야 하나요?
* 등록 류: 제21류
* 해당 지정상품: 머그컵, 텀블러, 음료용 병, 고블렛 등
* 대표 유사군코드: G1802
* 포괄 명칭 예시:
  * 고블렛(머그컵)
  * 음료용 텀블러
  * 음료용 컵류

2. 프랜차이즈 사업 관련 서비스는 어떤 류에 등록해야 하나요?
* 등록 류: 제35류
* 해당 지정 서비스: 프랜차이즈 운영, 사업 자문, 마케팅 대행, 온라인 주문 시스템 운영 등
* 대표 유사군코드:
  * S123101 (프랜차이즈 및 사업 경영 지원)
  * S1370 (온라인 주문·배달 서비스 운영)
* 포괄 명칭 예시:
  * 프랜차이즈 운영지원 서비스
  * 프랜차이즈 자문업
  * 온라인 주문 플랫폼 운영업

3. 출원 서류 검토와 보완점 파악

출원 서류 작성 후 발생할 수 있는 문제점을 사전에 검토하고 보완하는 데 ChatGPT를 활용할 수 있다. 이때 각 류의 지정상품과 관련한 유사군 코드가 적절하게 분배되어 넓은 권리 범위를 확보할 수 있는지 파악해야 한다.

【상황 설정】

B씨는 최초 출원 서류를 작성했으나, 지정상품과 서비스업 선정에 누락이 있는지, 거절 이유가 발생할 만한 요소는 없는지 확인하고 싶다. 이에 ChatGPT에 작성한 출원 내용의 검토를 요청했다.

 다음 출원 내용에 대한 검토를 부탁드립니다:
상표명: 블루밍
지정상품/서비스업:
- 제43류: 카페업, 카페서비스업, 다과점업
- 제30류: 커피, 커피음료, 커피를 주원료로 한 조제품
- 제35류: 프랜차이즈 관련 경영업, 프랜차이즈 관련 자문업

다음 관점에서 검토해 주세요:
1. 누락된 중요 지정상품/서비스업은 없는지
2. 유사군코드 분포의 적절성
3. 포괄 명칭 사용의 적절성
4. 거절 이유 발생 가능성

 카페 사업과 관련하여 다음과 같이 확장성과 등록 가능성 측면에서 검토하였습니다.

1. 누락된 중요 지정상품/서비스업 여부
현재 기재된 지정상품 및 서비스는 다음과 같습니다.

* 제43류: 카페업, 카페서비스업, 다과점업
* 제30류: 커피, 커피음료, 커피를 주원료로 한 조제품
* 제35류: 프랜차이즈 관련 경영업, 프랜차이즈 관련 자문업

검토 결과, 제43류에는 테이크아웃, 배달, 즉석 식음료 제공과 같은 서비스 항목이 빠져 있으며, 제30류에는 차, 초콜릿, 케이크, 쿠키 등의 디저트류가 누락되어 있습니다. 제35류 역시 프랜차이즈 계약 자문, 운영 지원, 온라인 주문 대행과 같은 세부 항목이 반영되지 않았습니다.

2. 유사군코드 분포의 적절성
현재 포함된 지정항목은 다음과 같은 유사군코드에 속합니다.

* 제43류: S120602

* 제30류: G0502

* 제35류: S123101

이는 기본적으로 적절하나, G0501(차), G0301(디저트류), S1370(온라인 주문·배달 서비스 운영) 등의 유사군이 추가로 포함될 경우 보호 범위가 보다 효과적으로 확장될 수 있습니다.

3. 포괄명칭 사용의 적절성

카페업, 카페서비스업, 커피 등은 특허청 고시 기준에 부합하는 일반적인 명칭입니다. 그러나 프랜차이즈 관련 경영업, 자문업은 표현이 추상적이어서 보정 요구를 받을 가능성이 있습니다. "프랜차이즈 운영 지원 서비스"나 "프랜차이즈 창업 자문업" 등으로 구체화하는 것이 바람직합니다.

4. 거절 이유 발생 가능성

상표명 '블루밍'은 영어 일반 단어로서 '꽃이 피는', '번영하는' 등의 기술적 의미를 가질 수 있어, 식별력 부족 또는 기술적 표장 사유로 거절 검토 대상이 될 수 있습니다. 특히 꽃과 관련된 카페, 티룸, 디저트류와 연관이 있다면 더욱 그럴 가능성이 큽니다. 다만 사용 실적이 충분하거나 상표 사용의 특이성이 입증되면 극복 가능성은 있습니다.

종합적으로, 상표 보호 범위를 확대하고 거절 가능성을 줄이기 위해서는 지정상품 및 서비스 항목의 보완이 필요하며, 포괄 명칭을 보다 구체화하는 것이 권장됩니다.

ChatGPT 활용 시 주의 사항

- 특허청 고시 상품·서비스업 명칭과 정확히 일치하는지 반드시 확인해야 한다. ChatGPT가 제안하는 명칭은 참고 사항일 뿐이며, 실제 출원 시에는 특허청 고시 명칭을 사용해야 한다.
- 유사군 코드는 특허청의 상품/서비스업 분류 목록을 기준으로 최종 확인이 필요하다. ChatGPT는 분류 체계에 대한 기본적인 가이드만 제공할 수 있다.
- 포괄 명칭 사용 시에는 특허청이 인정하는 고시 명칭인지 반드시 확인해야 한다. ChatGPT는 일반적인 포괄 명칭 예시만 제공할 수 있다.

심사 과정에서의 AI 활용

상표 출원 후 심사 과정에서 심사관으로부터 의견 제출 통지서를 받게 되는 경우가 많다. ChatGPT는 이러한 의견 제출 통지서의 분석과 대응 전략 수립에 유용한 도구로 활용될 수 있다.

1. 의견 제출 통지서 분석과 대응 전략

상표 등록 심사 과정에서 발생하는 주요 거절 사유와 이에 대한 ChatGPT 활용 방안을 살펴보자:

(1) 식별력 부족 (상표법 제33조 제1항)

지정 상품의 성질을 직접적으로 표시하거나, 간단하고 흔한 표장인 경우 등에 해당하는 거절 이유다. 예를 들어, '커피마스터'라는 상표를 커피 전문점업에 출원한 경우, 지정 서비스업의 품질이나 효능을 직접적으로 나타내는 표장이라는 거절 이유를 받을 수 있다.

【상황 설정】

C씨는 '커피마스터'라는 상표를 커피 전문점업에 출원했으나, 식별력 부족을 이유로 거절 예고를 받았다. 이에 대응하기 위한 논리를 개발하고자 ChatGPT에 도움을 요청했다.

 '커피마스터'가 커피전문점업에 대해 식별력 부족으로 거절되었습니다.
다음 관점에서 대응 논리를 제시해 주세요:
1. '커피'와 '마스터' 각각의 의미와 결합적 관계
2. 지정상품과의 관계에서 식별력 판단
3. 유사 사례 분석 (등록된 '○○마스터' 상표 검토)
4. 사용에 의한 식별력 입증 방안

 상표 '커피마스터'가 커피전문점업에 대해 식별력 부족으로 거절 예고를 받은 상황에 대해 다음과 같은 대응 논리를 제시합니다.

1. '커피'와 '마스터' 각각의 의미와 결합적 관계

* '커피'는 일반적으로 커피 음료나 관련 제품을 의미하는 보통 명칭입니다.
* '마스터'는 '전문가', '장인' 등을 의미하며, 특정 분야에서의 숙련된 기술이나 지식을 가진 사람을 지칭합니다.
* 두 단어의 결합인 '커피마스터'는 단순히 커피를 전문적으로 다루는 사람을 의미할 수 있으나, 일반 수요자에게는 특정인의 서비스 출처를 식별하는 표장으로 인식될 수 있습니다.

2. 지정상품과의 관계에서 식별력 판단

* 상표법 제33조 제1항 제3호에 따르면, 상품의 성질, 품질 등을 보통으로 사용하는 방법으로 표시한 표장만으로 된 상표는 등록을 받을 수 없습니다.
* 그러나 '커피마스터'는 단순한 품질이나 성질의 표시를 넘어서, 특정한 서비스 제공자의 명칭으로 인식될 수 있는 여지가 있습니다.
* 따라서, 이 상표는 지정 서비스인 커피전문점업과 관련하여 식별력을 갖추었음을 주장할 수 있습니다.

3. 유사 사례 분석 (등록된 '○○마스터' 상표 검토)

* '커피마스터'와 유사한 구조의 상표로는 '피자마스터', '베이커리마스터' 등이 있으며, 이들 중 일부는 등록이 승인된 사례가 있습니다.
* 이러한 사례들은 '○○마스터' 형태의 상표가 특정 분야에서의 전문성을 나타내며, 동시에 특정인의 서비스 출처를 식별하는 기능을 수행할 수 있음을 보여줍니다.

* 따라서, '커피마스터'도 유사한 맥락에서 식별력을 인정받을 수 있는 가능성이 있습니다.

4. 사용에 의한 식별력 입증 방안

* 상표법 제33조 제2항에 따르면, 상표 출원 전부터 사용한 결과 수요자 간에 특정인의 상품에 관한 출처를 표시하는 것으로 식별할 수 있게 된 경우에는 등록이 가능합니다.

* 이를 입증하기 위해서는 다음과 같은 자료를 준비할 수 있습니다:

  * 상표 사용 기간과 범위를 증명하는 자료 (예: 영업 개시일, 지점 수 등)

  * 광고 및 홍보 활동 내역 (예: 광고비 지출 내역, 홍보 자료 등)

  * 매출 실적 및 고객 수 증가 추이

  * 소비자 인식 조사 결과

  * 언론 보도 및 기사 등 외부에서의 언급 사례

* 이러한 자료들을 종합하여 '커피마스터' 상표가 일반 수요자에게 특정인의 서비스로 인식되고 있음을 입증할 수 있습니다.

위와 같은 논리를 바탕으로, '커피마스터' 상표의 식별력을 주장하고, 필요한 경우 사용에 의한 식별력 입증 자료를 제출하여 거절 예고에 대응할 수 있습니다.

---

(2) 선등록/선출원 상표와의 유사 (상표법 제34조 제1항 제7호, 제35조 제1항)

선등록/선출원된 상표와 유사하여 수요자의 혼동을 초래할 수 있다는 거절 이유다. 예를 들어, '블루밍커피'를 출원했는데 이미 '블루밍티'나 '블루밍cafe'가 등록되어 있는 경우이다.

【상황 설정】

D씨는 '블루밍커피'라는 상표를 출원했으나, 이미 등록된 '블루밍티'와 '블루밍cafe' 상표와의 유사성을 이유로 거절 예고를 받았다. 상표의 비유사성을 입증하기 위한 논리를 개발하기 위해 ChatGPT에 도움을 구했다.

 '블루밍커피'가 다음 선등록상표들과의 유사성을 이유로 거절되었습니다:
선등록상표 1: '블루밍티'(제43류: 차전문점업)
선등록상표 2: '블루밍cafe'(제43류: 커피전문점업)

다음 기준으로 비유사 논리를 개발해 주세요:
1. 각 상표의 요부 추출
2. 전체적 관찰 원칙에 따른 분석
3. 지정상품/서비스업의 관계
4. 거래 실정상 수요자 혼동 가능성 분석

 다음은 제43류에 출원된 '블루밍커피' 상표가 선등록상표 '블루밍티', '블루밍cafe'와 유사하다는 이유로 거절된 데 대한 **비유사 주장 논리**입니다. 상표법상 유사 판단 기준에 따라 다음 4가지 항목으로 구성하였습니다.

1. 각 상표의 요부 추출

* '블루밍커피'는 "블루밍"과 "커피"로 구성되며, 이 중 "커피"는 지정 서비스업(커피전문점업)의 성질을 직접 나타내는 보통 명칭이므로 **식별력이 약한 비요부**입니다. 따라서 식별력 있는 **"블루밍"이 요부**입니다.
* '블루밍티'의 요부 역시 "블루밍"이고, "티(차)"는 지정 서비스와 관련된 보통 명칭입니다.
* '블루밍cafe'의 경우도 "블루밍"이 요부이며, "cafe"는 업종을 나타내는 일반적인 용어로 비요부에 해당합니다.

→ **모든 상표에서 '블루밍'이 요부**로 추출되며, 그 자체만으로는 유사성을 인정받을 수 있는 근거가 부족합니다. 왜냐하면 **'블루밍'은 일반적인 의미(꽃이 피는 등)를 가지는 감성어**로 다수인에 의해 사용되는 가능성이 크기 때문입니다.

2. 전체적 관찰 원칙에 따른 분석

* 상표는 일부가 아닌 전체적으로 외관, 호칭, 관념을 종합하여 판단해야 합니다.
* '블루밍커피', '블루밍티', '블루밍cafe'는 모두 '블루밍'을 포함하지만, 그 **후행 구성어가 상이**합니다:
* '커피', '티', '카페'는 **각각 특정 음료 또는 업종을 지칭**하므로, 관념이나 인상이 확연히 구분됩니다.
* 시각적 구조도 영어 단어와 일반 명칭이 결합된 구성으로, **전반적 인상이 달라** 수요자 입장에서 동일 출처로 인식하기 어렵습니다.

3. 지정 상품/서비스업의 관계

* '블루밍커피'는 커피전문점업, '블루밍티'는 차전문점업, '블루밍cafe'는 일반적인 카페업 또는 커피전문점업에 해당됩니다.
* 제43류 내에서 모두 동일 류에 속하긴 하지만, **실제 영업 형태나 소비자 기대 서비스는 차이가 있습니다**.
* '커피전문점'과 '차전문점'은 음료의 주력 품목, 타깃 고객층, 인테리어 및 브랜드 포지셔닝에서 구별됩니다.
* 'cafe'는 커피 외 디저트, 식사 등을 포함하는 포괄적 개념으로, 전문성에 초점이 맞춰진 '블루밍커피'와는 서비스의 세부 성격이 다릅니다.

4. 거래 실정상 수요자 혼동 가능성 분석

* '블루밍'이라는 단어는 **자연적이거나 감성적인 이미지를 갖는 일반 단어**로, 브랜드 차별성을 나타내는 핵심적 요소로 보기 어렵습니다.
* 실제 시장에서는 '블루밍'이라는 단어가 다양한 업종에서 보편적으로 사용되며, '블루밍 ○○' 형태의 브랜드가 혼재하고 있어 수요자 입장에서 **'블루밍' 단독으로는 특정 출처로 인식되지 않습니다**.
* 각 상표의 후행 요소인 '커피', '티', 'cafe'가 서로 다른 음료/업종을 직접적으로 나타내므로, **거래 실정상 실제 혼동 가능성은 낮습니다**.

결론적으로,

'블루밍커피'는 전체적 구조, 후행 구성어의 차이, 지정 서비스업의 성격 구분, 그리고 거래 실정에 비추어 볼 때, '블루밍티' 및 '블루밍cafe'와는 수요자에게 동일 출처로 인식되기 어려우므로 상표법상 유사하지 않습니다.

이러한 점을 강조하여 **비유사 의견서 또는 이의신청 답변서**에 활용하실 수 있습니다.

(3) 지정 상품의 불명확성 (상표법 제38조 제1항)

지정 상품이나 서비스업이 불명확하거나 구체적이지 않은 경우의 거절 이유다.

【상황 설정】

E씨는 자신의 카페 브랜드 상표 출원 중 일부 지정 상품과 서비스업에 대해 불명확하다는 거절 이유를 받았다. 이를 특허청 고시 상품명으로 구체화하기 위해 ChatGPT에 조언을 구했다.

 다음 지정상품들이 불명확하다는 거절 이유를 받았습니다:
- 커피 음료 제조용 시럽
- 카페 경영업
- 티바(tea bar) 서비스

각 상품/서비스업에 대해:
1. 특허청 고시 상품명으로 구체화 방안
2. 유사군코드 재분류 필요성 검토
3. 보정 방향 제시

 상표 출원에서 불명확하다는 이유로 거절된 지정상품 및 서비스업에 대해 특허청 고시 기준에 따른 구체화 방안, 유사군코드 검토, 보정 방향을 정리한 내용입니다.

1. 커피 음료 제조용 시럽

고시 명칭에는 '커피 음료 제조용 시럽'이라는 표현이 없으며, 이는 식품인지 음료인지 향료인지 모호하여 불명확하다는 사유로 거절될 수 있습니다.

유사군코드는 G0503,G0290이며, 이는 제32류 내에서 액상 음료 첨가물로 분류되는 항목입니다.

따라서 보정 방향은 '시럽 및 음료용 제제'으로 수정하는 것입니다.

2. 카페 경영업

'경영업'이라는 표현은 상표상 서비스업 명칭으로 보기 어려우며, 단순한 영업행위를 의미하므로 거절 대상이 됩니다.

특허청 고시상 유사 개념은 제35류의 '프랜차이즈 관련 사업 경영 자문업', '프랜차이즈 관련 사업 관리 보조업', 또는 '프랜차이즈 운영 지원 서비스' 등으로 확인됩니다.

이들 항목은 유사군코드 S123101에 해당하며, 명확하고 일반적으로 인정되는 서비스업 명칭입니다.

따라서 보정 방향은 '카페 경영업'을 '프랜차이즈 관련 사업 경영 자문업' 또는 '프랜차이즈 관련 사업 관리 보조업' 등의 고시 명칭으로 수정하는 것입니다.

3. 티바(tea bar) 서비스

'티바'는 고시 서비스명으로 등재되어 있지 않으며, 그 의미가 불분명하다는 이유로 거절될 수 있습니다.

이에 대응하기 위해 제43류에 등록된 관련 고시 명칭 중 '찻집업', '전통차카페업', '카페서비스업', 또는 '차/커피/과일주스음료 접대업' 등의 표현으로 보정하는 것이 바람직합니다.

이들은 모두 유사군코드 S120602에 속하며, 차를 중심으로 제공하는 서비스업으로 명확하게 분류되어 있습니다.

따라서 '티바 서비스'는 '전통차카페업', '찻집업' 또는 '카페서비스업' 중 하나로 보정하는 것이 적절합니다.

위 내용을 기준으로 보정서를 작성하시면 불명확 표현으로 인한 거절 사유를 효과적으로 해소할 수 있습니다.

2. 의견서 및 보정서 작성 지원

의견 제출 통지서에 대한 대응은 크게 의견서 제출과 보정서 제출로 나눌 수 있다. ChatGPT는 각 단계에서 다음과 같이 활용될 수 있다.

(1) 의견서 작성 지원

의견서는 심사관의 거절 이유에 대한 반박 논리를 담은 핵심적인 서류다. 특히 유사 상표 인용에 의한 거절 이유에 대해서는 양 상표의 비유사점과 실제 거래 실정에서의 차이점을 체계적으로 설명해야 한다. 이때 ChatGPT는 상표의 구성 요소별 분석, 전체적 관찰 원칙에 따른 판단, 지정 상품의 관계 등을 종합적으로 검토하여 논리적인 반박 근거를 제시할 수 있다.

【상황 설정】

F씨는 '블루밍커피' 상표에 대한 거절 이유 통지서를 받고, 체계적인 의견서를 작성하고자 한다. 특히 인용된 유사 상표들과의 비유사성을 체계적으로 설명하는 논리가 필요하여 ChatGPT에 도움을 요청했다.

 다음 거절 이유에 대한 의견서 작성을 도와주세요:
거절 이유: '블루밍커피'가 '블루밍티', '블루밍cafe'와 유사하다는 이유로 거절

다음 순서로 의견서 개요를 작성해 주세요:
1. 상표의 유사 여부
   - 외관/칭호/관념 분석
   - 전체적 관찰 원칙에 따른 비교
2. 지정상품/서비스업의 관계
3. 거래 실정 특수성
4. 제출할 증거자료 제안

 다음은 상표 '블루밍커피'에 대한 거절 이유 통지서에 대응하기 위한 의견서 개요 입니다. '블루밍티' 및 '블루밍cafe'와의 **비유사성**을 강조하는 체계적 논거로 구성되어 있으며, 향후 실제 의견서 작성 시 활용 가능한 형태로 정리하였습니다.

의견서 개요

출원상표: 블루밍커피

거절 이유: 선등록상표 '블루밍티', '블루밍cafe'와의 유사성

1. 상표의 유사 여부

(1) 외관, 칭호, 관념의 비교

출원상표 '블루밍커피'는 '블루밍'과 '커피'의 결합으로 이루어져 있으며, 선등록 상표 '블루밍티'는 '블루밍'과 '티', '블루밍cafe'는 '블루밍'과 '카페'로 구성되어 있습니다.

  * 외관: 세 상표 모두 '블루밍'이라는 동일 단어를 포함하지만, 후행 구성어가 각각 '커피', '티', 'cafe'로 달라 시각적으로 명확히 구별됩니다.
  * 칭호: '블루밍커피'는 "블루밍-커피", '블루밍티'는 "블루밍-티", '블루밍 cafe'는 "블루밍-카페"로 발음되며, 어미의 어감이 달라 청음상 인상이 다릅 니다.
  * 관념: '블루밍커피'는 "꽃이 피는 커피" 또는 "감성적인 커피 전문점"을, '블 루밍티'는 "꽃이 피는 차", '블루밍cafe'는 "감성적인 카페" 정도의 의미로 해석되어 관념적으로도 상이합니다.

(2) 전체적 관찰 원칙에 따른 비교

상표의 유사 여부는 요부 중심이 아닌 전체적으로 외관, 호칭, 관념을 종합해 판 단되어야 합니다.비록 공통적으로 '블루밍'이라는 감성어가 포함되어 있으나, 이 는 사전적 의미가 명확한 일반 단어로 식별력이 약하며, 각 상표는 후행어 구성 의 차이에 따라 전체적인 인상과 기억, 사용형태가 달라 소비자에게 동일 출처로 인식되기 어렵습니다.

2. 지정상품/서비스업의 관계

출원상표는 커피전문점업에 해당하는 제43류 서비스업을 지정하고 있으며, 인용 상표 '블루밍티'는 차전문점업, '블루밍cafe'는 일반 카페업으로 등록되어 있습니다.

이들은 모두 제43류에 속하지만, 실제 시장에서의 업태는 구별됩니다.

차전문점, 커피전문점, 일반 카페는 주요 취급 제품, 소비자 기대 서비스, 매장 콘셉트 등이 달라 실질적인 출처 오인의 가능성은 낮습니다.

특히 '커피'와 '티'는 유사하지만 별개의 카테고리로 인식되며, 'cafe'는 범용적 표현으로서 구체적 식별력을 갖기 어렵습니다.

3. 거래 실정 특수성

'블루밍'은 사전적으로 '꽃이 피는', '번성하는' 등의 의미를 가진 일반 감성어로, 다양한 업종과 브랜드에서 광범위하게 사용되고 있습니다.

이처럼 특정 의미가 있는 감성 단어는 그 자체로 강한 식별력을 가지지 않으며, 후행 구성어(커피, 티, cafe)에 따라 소비자 인식은 크게 달라집니다.

또한, 실제 소비자는 '블루밍커피'와 '블루밍티', '블루밍cafe'를 동일 출처로 인식하기보다는 **각기 다른 메뉴 중심 브랜드로 받아들이는 경향**이 강합니다.

이는 외식업계에서 감성적 단어를 다양하게 조합한 브랜드가 많기 때문에 상표 전반에 대한 혼동 가능성이 현저히 낮다는 점을 보여줍니다.

4. 제출할 증거 자료 제안

  * '블루밍'이 포함된 타 업종 상표 등록 사례 (식별력 약함 입증 목적)

  * '블루밍커피', '블루밍티' 등이 실제 시장에서 혼용되지 않음을 보여주는 매장 사진, 포털 리뷰, 메뉴 비교 자료

  * 소비자 인식 설문조사 자료 (혼동되지 않음을 입증)

  * '블루밍'이 감성어로 일반화된 언어임을 보여주는 언론 기사, 브랜드 트렌드 관련 콘텐츠

위 개요를 바탕으로 정식 의견서를 구성하시면, '블루밍커피'와 인용 상표 간의 비유사성을 논리적으로 주장할 수 있습니다. 원하시면 이 개요를 기반으로 한 의견서 본문 초안도 작성해 드릴 수 있습니다.

(2) 보정서 작성 지원

보정서는 거절 이유를 해소하기 위해 상표의 구성이나 지정 상품을 보정하는 서류다. 특히 지정 상품의 불명확성이 문제된 경우, ChatGPT는 특허청 고시 상품명을 기준으로 한 정확한 보정안을 제시할 수 있다. 단, 기존의 지정 상품이나 서비스업의 범위를 벗어나는 보정은 불가능하기 때문에 이를 전제로 하여 보정안을 작성해야 한다.

【상황 설정】

G씨는 '블루밍커피' 상표의 지정 상품과 서비스업 중 일부가 불명확하다는 거절 이유를 받았다. 특허청 고시 상품명에 맞게 정확하게 보정하기 위해 ChatGPT에 도움을 요청했다.

 다음 불명확한 지정상품/서비스업에 대한 보정 방안을 제시해 주세요:
출원상표: '블루밍커피'
현재 지정상품/서비스업:
1. 제30류
- 커피 관련 제품
- 커피를 주원료로 하는 음료
- 차류
2. 제43류
- 카페 운영업
- 음료 제공 서비스
- 다과류 제공업

다음 관점에서 검토해 주세요:
1. 특허청 고시 상품명으로의 구체화
- 각 류별 정확한 상품/서비스업명
- 적절한 유사군코드 매칭
2. 포괄 명칭 사용 가능 여부
3. 보정 후 상품명과 기존 상품명의 범위 비교

 아래는 상표 '블루밍커피' 출원에서 지적받은 불명확 표현들을 특허청 고시 기준에 맞춰 보정하는 방안을 정리한 내용입니다. 각 항목은 고시 명칭 적용, 유사군코드 매칭, 포괄 명칭 여부, 보정 전후 범위 비교 기준에 따라 검토되었습니다.

1. 제30류: 커피 관련 제품 / 커피를 주원료로 하는 음료 / 차류

(1) 고시 상품명 및 유사군코드

   * 커피: '커피', '볶은 커피콩', '인스턴트 커피' 등 → G0502

   * 커피 음료: '커피음료', '커피를 주성분으로 한 음료' 등 → G0502

   * 차류: '차', '홍차', '녹차', '허브차' 등 → G0501

(2) 포괄 명칭 여부

   * '커피'와 '차'는 고시 포괄 명칭으로 사용 가능

   * 단, '커피를 주원료로 하는 음료'는 G0502 고시 항목으로 대체 필요

(3) 보정 방향

   * 커피 → '커피', '볶은 커피콩', '인스턴트 커피' 등으로 구체화

   * 커피 음료 → '커피음료', '우유가 함유된 커피음료'

   * 차류 → '홍차', '녹차', '허브차', '보리차' 등 일반적인 고시 차류로 보정

(4) 기존 표현과 보정 후 범위 비교

   * 기존: 포괄적·모호 (예: 커피 관련 제품)

   * 보정 후: 구체적 상품 중심으로 분류 명확, 실제 사용하는 항목 대부분 포함 가능

2. 제43류: 카페 운영업 / 음료 제공 서비스 / 다과류 제공업

(1) 고시 서비스업명 및 유사군코드

   * '카페 운영업' → '카페서비스업', '커피숍업', '카페테리아업' 등 → S120602

   * '음료 제공 서비스' → '차/커피/과일주스음료 접대업', '식음료 제공서비스업' → S120602

   * '다과류 제공업' → '찻집업', '다과점업' 또는 상기 '식음료 제공업'으로 포괄 가능

(2) 포괄 명칭 여부

   * '카페서비스업', '식음료 제공서비스업' 등은 포괄 명칭으로 사용 가능

   * '다과류 제공업'은 모호하므로 '찻집업' 또는 '카페테리아업'으로 보정 권장

(3) 보정 방향

  * 카페 운영업 → '카페서비스업' 또는 '커피숍업'

  * 음료 제공 서비스 → '차/커피/과일주스음료 접대업'

  * 다과류 제공업 → '찻집업' 또는 '식음료 제공서비스업'

(3) 거절 결정 시의 대응 방안

최종적으로 거절 결정이 내려진 경우, 불복 심판 청구나 재출원 등 향후 방향에 대한 검토가 필요하다.

【상황 설정】

J씨는 여러 차례 의견서와 보정서 제출에도 불구하고 '블루밍커피' 상표에 대해 최종 거절 결정을 받았다. 향후 불복 심판 청구와 재출원 등 대응 방안을 검토하기 위해 ChatGPT에 조언을 요청했다.

 '블루밍커피' 상표가 최종 거절 결정되었습니다.
다음 관점에서 향후 대응 방안을 검토해 주세요:
1. 거절결정불복심판 청구 가능성
- 승소 가능성 분석
- 주요 심판 청구 이유
2. 재출원 전략
- 상표 구성 변경 방안
- 지정상품 조정 방안
3. 대체 브랜드 개발 필요성
4. 비용/기간 분석

 '블루밍커피' 상표가 최종 거절된 상황에서 향후 대응 방안은 다음과 같이 검토할 수 있습니다.

1. 거절결정불복심판 청구 가능성

심판은 상표심사관의 판단에 이의가 있을 경우 선택할 수 있는 구제 절차입니다. 다만, 이미 동일 상표에 대해 수차례 의견서와 보정서를 제출한 바 있다면, 새로운 논리나 입증 자료 없이 심판에서 뒤집기는 어려울 수 있습니다. 식별력 부족이 주된 사유였다면, 사용에 의한 식별력 입증(광고·매출·소비자 인식 조사 등)이 핵심 논거가 됩니다.

2. 재출원 전략

'블루밍커피'가 전체적으로 식별력이 약하거나 유사 상표와 충돌하는 구조라면, 구성 일부(예: '블루밍' 또는 '커피')를 변경하거나 부가 요소(예: 기호, 접미어, 고유조어 등)를 추가해 변형된 상표로 재출원하는 것이 현실적인 방법입니다. 또한, 충돌 가능성이 높은 지정상품(예: 커피전문점업, 차류 등)을 조정하거나 류를 일부 축소하여 범위를 좁히는 것도 고려해 볼 수 있습니다.

3. 대체 브랜드 개발 필요성

'블루밍' 자체가 일반적인 감성 단어이자 다수 사용 사례가 있는 만큼, 유사 거절 사례가 반복될 수 있습니다. 이 경우 장기적 브랜드 보호를 위해 독창성 있는 대체 상표를 개발하는 것이 유리할 수 있습니다.

4. 비용 및 기간

불복 심판 청구 시 약 6개월 이상이 소요되며, 비용은 약 300만 원에서 500만 원 내외입니다(대리인 선임 여부에 따라 상이). 재출원은 초기 출원과 유사한 절차를 거치며, 약 7~9개월 소요됩니다.

ChatGPT 활용 시 주의 사항

- ChatGPT는 법적 판단의 방향성만 제시할 수 있으며, 최종적인 결정은 전문가의 검토가 필요하다.

- 제시된 대응 논리는 실제 심사 기준과 최신 판례를 반영하여 수정해야 한다.

- 증거 자료 제출이 필요한 경우, 실제 자료 수집과 정리는 별도로 진행해야 한다.

- 면담 심사나 심판 청구 등 중요한 절차는 반드시 전문가와 상담해야 한다.

5장

이의 신청과 심판 대응

상표 심사 과정을 거쳐 출원 공고가 되었거나 등록된 상표에 대해서도 다양한 분쟁이 발생할 수 있다. ChatGPT는 이러한 상황에서 대응 논리를 개발하고 관련 서류를 작성하는 데 도움을 줄 수 있다.

1. 이의 신청 관련 자료 분석과 대응 논리 개발

이의 신청은 출원 공고된 상표에 대해 등록을 받을 수 없는 사유가 있음을 주장하는 절차다.

【상황 설정】

K사는 '블루밍가든'이라는 등록상표를 보유하고 있는데, 최근 경쟁사가 '블루밍파크'라는 매우 유사한 상표를 출원 공고받은 것을 발견했다. 두 상표는 '블루밍'이라는 요부가 동일하고 지정 서비스업도 카페업으로 동일하여, 소비자 혼동 가능성이 높은 상황이다. K사는 이의 신청을 위한 논리 개발이 필요하여 ChatGPT에 도움을 요청했다.

다음 상황에서 이의 신청을 위한 논리를 개발해 주세요:
이의 신청인의 등록상표: '블루밍가든' (제43류: 카페업, 다과점업)
출원공고 상표: '블루밍파크' (제43류: 카페업, 커피전문점업)

다음 사항을 중심으로 검토해 주세요:
1. 양 상표의 유사성 분석
2. 지정 서비스업의 관련성
3. 이의 신청인 상표의 인지도와 사용 실적
4. 소비자 혼동 가능성 입증 방안

다음은 경쟁사의 출원공고 상표 '블루밍파크'에 대한 이의신청 논리 예시입니다. 이의신청서에 포함될 수 있는 논지를 아래와 같이 간결하고 논리적으로 구성할 수 있습니다.

1. 양 상표의 유사성 분석

'블루밍가든'과 '블루밍파크'는 모두 '블루밍'이라는 동일한 선행 요소를 포함하고 있으며, 후행어인 '가든(garden)'과 '파크(park)' 역시 유사한 자연·공간적 개념을 나타내는 단어입니다.

두 상표는 외관상 '블루밍'+2음절 구성으로 유사하고, 발음(호칭)도 유사한 리듬감을 가지며, 관념적으로도 "자연적이고 감성적인 분위기의 공간"을 연상시켜 인상 전체가 매우 유사합니다.

상표의 식별력 판단 시 요부가 동일하고, 후행어의 차이가 의미상·인지상 큰 구별을 주지 못한다면, 두 상표는 유사한 것으로 판단됩니다.

2. 지정 서비스업의 관련성

두 상표는 모두 제43류로, 실제 지정 서비스업도 '카페업' 및 유사한 '다과점업', '커피전문점업'으로 등록되어 있습니다.

이는 업태·소비자·영업장 형태가 실질적으로 동일하거나 유사하여, 동일 수요자 층을 대상으로 서비스되고 있으며, 상표 유사 시 혼동 가능성을 매우 높이는 요인입니다.

3. 이의 신청인 상표의 인지도와 사용 실적

'블루밍가든'은 이미 등록된 상표로 일정 기간 이상 영업에 사용되고 있으며, 온·오프라인 마케팅, 가맹사업, SNS 후기, 블로그 노출 등 다수의 상표 사용 실적이 존재합니다.

특히 '블루밍가든'이라는 브랜드는 소비자에게 감성적이고 자연친화적인 카페 이미지로 인식되고 있으며, 해당 이름으로 영업장을 운영한 사례나 사용된 간판, 메뉴판, 포장재 등의 자료가 존재할 경우 사용에 의한 식별력은 더욱 강화됩니다.

4. 소비자 혼동 가능성 입증 방안

'블루밍'이라는 동일 요부와 '가든'과 '파크'의 관념적 유사성, 지정 서비스업의 동일성, K사의 상표 사용 실적을 종합할 때, '블루밍파크'는 소비자에게 K사의 카페 브랜드 또는 관련 브랜드로 오인될 가능성이 매우 높습니다.

혼동 가능성은 특히 구두 주문, SNS 검색, 내비게이션 상호 검색 등에서 쉽게 발생할 수 있으며, 실제 혼동 사례나 온라인 후기도 수집 가능하다면 강력한 근거가 됩니다.

2. 심판 청구서 작성 지원

상표 심판에는 다양한 유형이 있으며, 각 상황에 맞는 적절한 대응이 필요하다.

(1) 불사용 취소 심판의 경우

【상황 설정】

L사는 '모닝블루밍'이라는 상표를 출원하였으나 선등록상표 '블루밍모닝'과 유사하다는 이유로 거절되었다. 해당 선등록상표에 대한 시장조사 결과, 최근 3년간 실제 사용된 흔적을 발견할 수 없었다. 이에 L사는 불사용 취소 심판 청구를 검토하기 위해 ChatGPT에 조언을 구했다.

다음 상황에서 불사용 취소 심판 청구를 위한 검토를 해주세요:
대상 등록상표: '블루밍모닝'
등록번호: 40-××××××
지정상품: 제43류 (카페업, 다과점업)
등록일: 2020년 1월 1일
현재 사용 여부: 미사용 추정

검토 사항:
1. 불사용 입증을 위한 조사 포인트
2. 필요한 증거 자료 목록

> 3. 청구서 작성의 주요 논점
> 4. 피청구인의 예상 반박과 대응 논리

 다음은 '블루밍모닝' 상표에 대해 불사용취소심판을 청구하기 위한 전략적 검토 내용입니다. 심판의 핵심은 최근 3년간 정당한 사용이 없었음을 입증하는 것으로, 이를 중심으로 아래와 같이 네 가지 항목으로 정리할 수 있습니다.

1. 불사용 입증을 위한 조사 포인트

* 최근 3년(예: 2021. 1. 1 ~ 2024. 1. 1) 동안 피청구인이 지정 서비스업(카페업, 다과점업)과 관련하여 '블루밍모닝' 상표를 **실제로 영업에 사용하였는지**를 중점적으로 조사해야 합니다.
* 사용 여부 판단 기준:
  * 영업장 간판, 인테리어, 메뉴판 등 상표 표시 유무
  * 블로그, 인스타그램, 네이버 지도, 카카오맵 등 외부 노출
  * 사업자등록 상태, 폐업 여부, 최근 홍보 또는 영업 실적
  * 배달앱(배달의민족, 요기요 등) 상의 브랜드명 또는 메뉴 사용 유무
  * 도메인 또는 홈페이지 실사용 여부

2. 청구서 작성의 주요 논점

* 해당 상표(등록번호: 40-××××××)는 지정 서비스업(카페업, 다과점업)에 대해 3년간 정당한 사용 사실이 없음.
* 공공 검색, 업계 조사, 소비자 검색 실태 등 다각도의 조사 결과 '블루밍모닝'이 **식별 표지로 사용되지 않음**이 확인됨.
* 상표법 제119조 제1항 제1호에 따라, 피청구인이 정당한 사용을 입증하지 못하면 등록상표는 취소되어야 함.

3. 피청구인의 예상 반박과 대응 논리

예상 반박:
* 소규모 사용(예: 내부 간판, 폐쇄형 SNS 계정 사용 등)
* 예외 사유 주장(코로나로 인한 영업 중단, 내부 인테리어 공사 등)
* 과거 일시적 사용 증거 제출

대응 논리:
* 사용 사실은 **지속적이고 반복적**이어야 하며, 일회적이거나 간헐적인 사용은 정당한 사용으로 보기 어렵다는 판례 다수 존재
* 일반 소비자 또는 제3자가 **객관적으로 확인할 수 있는 사용**이어야 하며, 비공개적/비상업적 사용은 인정되지 않음
* 사용증거는 반드시 **지정 서비스업에 실제 사용된 상표 자체**여야 하며, 유사

상표·간판명·내부 표기 등은 보완되지 않는 한 인정되지 않음

이와 같은 근거를 바탕으로 불사용취소심판을 청구하시면, 상대방이 유효한 사용 증거를 제시하지 못하는 경우 해당 등록상표를 취소시킬 수 있습니다.

(2) 무효 심판의 경우

【상황 설정】

M사는 '블루밍' 시리즈 상표로 수년간 카페 사업을 해왔고, '블루밍', '블루밍가든', '블루밍카페' 등의 상표를 등록해 왔다. 최근 경쟁사 N사가 M사의 상표들과 유사한 '블루밍타임'을 등록받았다는 사실을 발견했다. 해당 상표는 M사의 상표들이 이미 시장에서 높은 인지도를 얻은 후에 출원된 것으로 보인다. M사는 무효 심판 청구를 검토하기 위해 ChatGPT에 전략 분석을 요청했다.

 등록상표 '블루밍타임'에 대한 무효심판 청구 전략을 검토해 주세요:
청구인의 선등록상표들:
- '블루밍' (등록번호: 40-×××××, 2018년 등록)
- '블루밍가든' (등록번호: 40-×××××, 2019년 등록)
- '블루밍카페' (등록번호: 40-×××××, 2020년 등록)

대상 등록상표:
- '블루밍타임' (등록번호: 40-×××××, 2023년 등록)

검토 사항:
1. 무효 사유 해당 여부
   - 선등록상표들과의 유사성
   - 부정한 목적 입증 방안
2. 청구인 상표들의 인지도 입증 자료
3. 피청구인의 부정사용 의도 입증 방안
4. 무효심판 청구서 작성 포인트

 다음은 상표 '블루밍타임'에 대해 제기할 수 있는 상표등록무효심판 청구 전략에 대한 검토 내용입니다.

M사는 '블루밍' 시리즈 상표를 다수 등록·사용하고 있고, N사의 출원이 그 이후임을 감안할 때, 부정한 목적에 의한 등록 및 출처 혼동의 가능성에 기반해 무효심판을 청구할 수 있습니다.

1. 무효 사유 해당 여부

(1) 선등록상표들과의 유사성

* '블루밍타임'은 출원인의 선등록상표 '블루밍', '블루밍가든', '블루밍카페'와 공통적으로 '블루밍'이라는 요부를 포함하고 있으며, 이는 시리즈 상표로서 M사의 출처를 나타내는 식별 요소로 기능하고 있음.
* 후행어 '타임'은 '시간', '순간' 등 일반적 개념으로, '가든', '카페'와 마찬가지로 결합 시 관념적 차이가 크지 않음.
* 전체적으로 상표의 구성, 호칭, 관념이 유사해 수요자가 동일 출처로 오인할 가능성이 높아 상표법 제34조 제1항 제7호, 제11호 등에 해당할 수 있음.

(2) 부정한 목적 입증 방안

* '블루밍타임'은 M사의 브랜드 인지도와 선사용 상표에 편승하여 부당한 이익을 얻으려는 의도로 출원한 것으로 판단됨.
* 출원 시점이 M사의 시리즈 상표 등록 및 사용 시점 이후이며, 업종도 동일함 (카페업).
* 피청구인의 상표 사용 전력이 없거나, M사 브랜드 인지도 상승 이후 출원된 정황이 있다면 '부정한 목적'의 입증 요소로 작용할 수 있음.

2. 청구인 상표들의 인지도 입증 자료

* '블루밍', '블루밍가든', '블루밍카페' 상표의 다년간 사용 실적 및 시장 내 노출 빈도
* SNS, 블로그, 포털 후기, 카카오·네이버 지도, 배달앱 등록 내역
* 언론보도 또는 홍보자료
* 가맹사업 현황 (지점 수, 매출 자료 등)
* 상표 부착이 확인되는 간판, 메뉴판, 테이크아웃 컵, 포장재 등 시각적 증거

3. 피청구인의 부정 사용 의도 입증 방안

* 상표 출원 시점 이전에 피청구인이 M사의 상표 또는 매장을 인지했을 가능성이 높은 정황 자료
* 동일 지역 내 업종, 경쟁관계에 있었음을 입증할 수 있는 자료 (예: 상권 중첩, 사업자 등록지 인접 등)
* '블루밍타임'이 M사의 상표 이미지나 광고 표현을 모방한 점이 있는지 비교 분석
* 피청구인의 과거 상표 출원 이력 및 의도적 유사 상표 출원 전력 확인

4. 무효 심판 청구서 작성 포인트

* M사의 시리즈 상표의 선사용 및 등록 시점 → '블루밍'이 M사 출처로 기능하는 사실 강조
* '블루밍타임'과 M사 상표들 간 유사성 → 외관·호칭·관념 비교 및 시리즈 상표라는 점 강조
* 수요자 오인 가능성 및 상표의 출처 혼동 우려
* 상표법 제34조 제1항 제7호(공서양속 위반), 제11호(부정한 목적의 등록) 위반 주장
* 피청구인이 자타 상품 식별 목적이 아닌, M사의 영업상 이익을 침해하려는 의도로 출원했음을 논증
* 필요시 M사의 상표를 선사용한 결과 식별력을 획득하였음을 입증하여 '저명성' 또는 '주지성' 주장

3. 증거 자료 정리와 활용

이의 신청이나 심판 절차에서는 주장을 뒷받침할 수 있는 증거 자료가 매우 중요하다. ChatGPT는 필요한 증거 자료의 유형과 수집 방향을 제시할 수 있다.

【상황 설정】

P사는 '블루밍' 시리즈 상표에 대한 이의 신청과 무효심판 절차를 진행 중이다. 자사 상표의 인지도와 사용 실적을 입증할 수 있는 체계적인 증거자료 목록이 필요하여 ChatGPT에 자문을 구했다.

'블루밍' 시리즈 상표의 인지도 입증을 위한 증거자료 목록을 작성해 주세요:
입증이 필요한 사항:
1. 매출 실적
2. 영업장 개설 현황
3. 광고 선전 실적
4. 온라인 인지도

다음 관점에서 검토해 주세요:

1. 자료 유형별 분류
2. 자료의 증명력 판단
3. 효과적인 자료 정리 방안
4. 보완이 필요한 부분

 다음은 '블루밍' 시리즈 상표의 인지도를 입증하기 위한 증거자료 목록을 간략하게 정리한 것입니다.

1. 자료 유형별 분류 및 예시

  * 매출 실적: 세금계산서, POS매출자료, 회계자료

  * 영업장 현황: 사업자등록증, 가맹계약서, 매장 사진, 지도 검색 결과

  * 광고 선전: 온라인 광고 스크린샷, 전단지, 프로모션 이력, 언론보도

  * 온라인 인지도: 블로그·SNS 후기, 배달앱 노출, 검색순위 캡처

2. 증명력 판단

  * 공적 자료(세금계산서, 사업자등록 등) > 민간자료(후기, 캡처 등)

  * 실제 사용기간과 상표 노출의 연관성 명확해야 신빙성 높음

3. 효과적인 정리 방안

  * 항목별 폴더 정리: 매출/매장/홍보/온라인

  * 연도별 구분 + 실제 상표 노출이 확인되는 형태로 편집

  * 타임라인형 표지 작성: 연도별 성장 추이 강조

4. 보완이 필요한 부분

  * SNS 게시물은 캡처만으로는 부족하므로 업로드 일자·계정 정보 포함

  * 매출은 상표 사용과 연결되는 품목 중심으로 제시

  * 광고물은 상표 노출 면이 명확한 자료만 활용

ChatGPT 활용 시 주의 사항

• 이의 신청이나 심판은 법적 권리 관계에 직접적인 영향을 미치는 중요한 절차이므로, ChatGPT는 초기 검토와 자료 정리 용도로만 활용해야 하며 실제 청구서 작성과 증거 자료 선별은 반드시 전문가의 검토를 거쳐야 한다.

- 증거 자료는 그 진정성과 증명력이 중요하므로 ChatGPT가 제시한 자료 목록
  은 참고 사항으로만 활용해야 한다.
- 심판 절차에서는 종종 구술 심리도 진행되므로, 서면 작성 외에도 구술 심리
  준비를 위한 정리가 필요할 수 있다.

4

법률 문서

1장

ChatGPT를 활용한 법률 문서 작성의 이해

지식 재산권 분쟁에서는 다양한 법률 문서의 작성이 필요하다. 특허, 상표, 디자인 등과 관련된 분쟁에서 ChatGPT는 문서 작성을 위한 유용한 보조 도구로 활용될 수 있다. 다만, 그 활용에는 명확한 한계와 주의 사항이 있으며, 이를 이해하고 적절히 활용하는 것이 중요하다.

1. 법률 문서 작성에서 AI 활용의 범위와 한계

법률 문서 작성에서 ChatGPT는 문서의 기본 구조 설계, 논리 전개 방식 제안, 관련 법령 검토 등에 활용될 수 있다.

【상황 설정】

A사는 자사의 특허권을 침해한 B사에 대한 경고장을 작성하려고 한다. 특허의 내용과 침해 상황이 복잡해 문서의 기본 구조와 필수 포함 요소에 대한 가이드가 필요하여 ChatGPT에 다음과 같이 질문했다.

특허 침해 관련 경고장 작성을 위한 기본 구조를 제시해 주세요.

침해 대상 특허:
- 특허번호: 10-×××××××
- 발명의 명칭: 커피 추출 장치
- 침해품: A사의 ○○모델 커피머신

다음 사항을 포함하여 검토해 주세요:
1. 경고장의 필수 기재사항
2. 특허권 침해 입증 요소
3. 요구사항 작성 방법
4. 답변 기한 설정

특허 침해 경고장은 다음과 같은 구성 요소를 포함해야 합니다.

1. 기본 기재 사항

  * 수신인(침해자)의 정확한 명칭
  * 특허 보유자의 정보
  * 해당 특허의 번호(예: 제10-×××××××호) 및 발명의 명칭
  * 침해 주장 제품(A사의 ○○모델 커피머신) 명시

2. 침해 입증 요소

  * 침해 대상 제품과 특허 청구항의 대비표 (요약 가능)
  * 공지 기술과의 차이점, 실질적 동일성 강조
  * 필요시 간단한 도면 또는 제품 사진 첨부

3. 요구 사항 작성 방법

  * 침해 중단, 제조·판매 금지, 재고 회수 등 구체적 요구
  * 기술적·사업적 협의를 제안할 경우 이를 함께 명시 가능

4. 답변 기한 설정

  * 예: 본 경고장 수령일로부터 7일 이내 서면 회신 요청
  * 기한 이후 대응 없을 시 민형사상 조치 취할 수 있음을 예고

문장은 과도하게 위협적이지 않도록 주의하되, 권리자가 침해를 명확히 인지하고 있다는 점은 분명히 표현하는 것이 중요합니다.

2. ChatGPT 활용 시 주의 사항과 법적 책임

ChatGPT를 통한 법률 문서 작성 시에는 몇 가지 중요한 주의 사항이 있다. 첫째, ChatGPT가 제시하는 내용은 참고 사항일 뿐이며, 법적 책임은 전적으로 작성자에게 있다. 둘째, 최신 법령이나 판례의 변경 사항은 반드시 별도로 확인해야 한다.

【상황 설정】

C 변리사는 특허 침해 경고장 작성에 ChatGPT를 활용하려고 한다. 그러나 이러한 활용에 따른 위험을 사전에 파악하여 의뢰인에게 안내할 필요가 있어, ChatGPT에 관련 주의 사항을 검토해 달라고 요청했다.

 다음 법률 문서 작성 시 주의 사항을 검토해 주세요:
문서 유형: 특허 침해 경고장

검토 항목:
1. 법적 책임 소재
2. 허위사실 기재 시의 위험성
3. 과도한 요구사항의 문제점
4. 업무방해죄 관련 주의사항
5. 문서 발송 전 필수 확인사항

 특허 침해 경고장 작성 시 다음과 같은 법적 주의 사항을 반드시 검토해야 합니다.

1. 법적 책임 소재

경고장 내용이 사실과 다르거나 침해 사실이 불명확한 경우, 경고장 발신인(의뢰인 및 대리인)에게 법적 책임이 발생할 수 있습니다. 신중한 사실 확인이 전제되어야 합니다.

2. 허위 사실 기재의 위험성

침해 사실이 입증되지 않은 상태에서 단정적인 표현을 사용할 경우, 명예훼손이나 불공정행위로 문제될 수 있습니다. "침해가 의심된다", "법적 검토 결과 침해 소지가 있다" 등 완곡한 표현이 바람직합니다.

3. 과도한 요구 사항의 문제점

손해배상액이나 이행 기한 등을 법적 근거 없이 과도하게 요구하면 공갈죄나 협박죄의 소지가 생길 수 있으므로, 요구사항은 권리 범위 내에서 합리적으로 작성해야 합니다.

4. 업무방해죄 관련 주의 사항

부당한 경고장이 상대방의 영업을 위축시키거나 유통망에 영향을 줄 경우, 형사상 업무방해죄로 문제될 수 있습니다. 내용증명 발송 전에는 그 영향력을 면밀히 검토해야 합니다.

5. 문서 발송 전 필수 확인 사항

특허 유효성(등록 상태, 존속 기간), 침해 비교(청구항 대비표), 수신인의 정확한 사업주체(법인 또는 개인) 등을 전문가 검토를 거쳐 확인한 후 발송해야 합니다.

3. 효과적인 프롬프트 작성 방법

법률 문서 작성을 위해 ChatGPT를 활용할 때는 명확하고 구체적인 프롬프트 작성이 중요하다. 특히 관련 법령, 당사자 관계, 분쟁 경위 등을 구체적으로 제시하면 더 유용한 답변을 얻을 수 있다.

【상황 설정】

D 법률사무소는 다양한 지식재산권 분쟁 사건을 처리하고 있다. ChatGPT를 효과적으로 활용하기 위한 프롬프트 작성 방법에 대한 가이드라인이 필요하여 다음과 같이 질문했다.

 지식재산권 분쟁 관련 법률 문서 작성을 위한 프롬프트 가이드라인을 제시해 주세요:

고려 사항:
1. 문서 유형별 필수 포함 정보
2. 단계별 검토 사항

3. 관련 법령 및 판례 검토 방법
4. 문서 완성도 향상을 위한 추가 질문 목록

특히 다음 문서 유형별로 구체적으로 설명해 주세요:
- 경고장
- 내용증명
- 가처분신청서
- 침해소송 소장

 지식재산권 분쟁 문서를 작성할 때는 문서 유형에 따라 다음과 같은 정보와 질문 구성이 필요합니다.

1. 문서 유형별 필수 포함 정보
  * 경고장: 권리자 정보, 침해 주장 내용, 특허/상표 등 권리 내역, 요구사항, 답변 기한
  * 내용증명: 사실관계 요약, 청구 내용, 이행 요청, 법적 조치 가능성
  * 가처분신청서: 침해 사실, 긴급성 소명, 회복 어려운 손해, 소명자료
  * 침해소송 소장: 청구 취지, 청구 원인, 권리 보유 근거, 침해 입증, 손해 산정

2. 단계별 검토 사항
사실관계 정리 → 권리 유무 확인 → 침해 비교 분석 → 법적 요건 충족 여부 확인 → 요청 내용 정당성 검토

3. 관련 법령 및 판례 검토 방법
특허법, 상표법, 부정경쟁방지법 등 해당 법령 조항을 명시하고, KIPRIS 또는 대법원 판례 검색을 활용해 유사 판례를 인용하면 문서의 신뢰도를 높일 수 있습니다.

4. 문서 완성도 향상을 위한 추가 질문 목록
  * 침해 대상은 구체적으로 무엇인가요?
  * 해당 권리의 등록 상태와 범위는 무엇인가요?
  * 상대방이 주장할 수 있는 방어 논리는 무엇인가요?
  * 사실관계에 대한 객관적 증거는 확보되어 있나요?

이 가이드를 참고해 프롬프트를 설계하면, AI로부터 더 정밀한 문서 초안을 받을 수 있습니다.

ChatGPT 활용 시 주의 사항

- 각 분쟁 상황의 특수성을 고려하여 문서를 수정하고 보완해야 한다.
- ChatGPT가 제시하는 문구나 논리는 기본 틀로만 활용하고, 구체적인 사실관계와 법적 주장은 별도로 검토해야 한다.
- 관련 법령이나 판례의 변경 사항은 반드시 최신 자료를 통해 확인해야 한다.

2장

내용증명 작성하기

내용증명은 지식 재산권 분쟁의 초기 단계에서 가장 많이 활용되는 법률 문서다. 이는 분쟁의 상대방에게 공식적으로 권리 주장을 하고 요구 사항을 전달하는 중요한 역할을 한다. ChatGPT는 각 지식 재산권 유형별로 적절한 내용증명 작성을 지원할 수 있다.

1. 특허권 침해 관련 내용증명

특허권 침해와 관련된 내용증명은 침해 사실의 특정과 기술적 분석이 중요하다. 특허 청구 범위와 침해품의 대비표를 작성하고, 이를 바탕으로 구체적인 침해 태양을 설명해야 한다.

【상황 설정】

A전자는 스마트폰 디스플레이 휘도 제어 방법에 관한 특허를 보유하고 있다. 경쟁사인 B전자가 이 기술을 자사의 스마트폰에 무단으로 사용한 것을 발견하고, 내용증명을 통해 침해 중단을 요청하려고 한다. A전자는 효과적인 내용증명 작성을 위해 ChatGPT에 다음과 같이 질문했다.

 다음 특허 침해 사안에 대한 내용증명 작성을 도와주세요:
특허권자: A전자(주)
특허: 스마트폰 디스플레이 휘도 제어 방법
특허번호: 10-××××××
청구항 1: 주변 조도에 따라 자동으로 휘도를 조절하는 방법
침해자: B전자(주)
침해품: B스마트폰 ○○모델
침해 태양: 동일한 기술을 무단 실시

요청사항:
1. 문서 구성 및 단락별 작성 방향
2. 침해 분석 설명 방법
3. 요구사항 작성 방식
4. 기술 설명 방식

 다음과 같은 흐름으로 내용증명을 작성하면 됩니다.

1. 문서 구성 및 단락별 작성 방향

서론: 발신인(A전자)의 소개와 본 문서의 취지 명시
사실관계: 보유 특허(특허번호, 명칭, 등록일 등) 및 침해 주장 제품(B사의 ○○모델) 설명
침해 분석: 청구항 1과 침해 제품의 구성 비교
요구사항: 침해 중단, 판매 금지, 협의 요청 등 구체적 조치 요구
마무리: 기한 내 회신 요청 및 불응 시 법적 대응 가능성 통지

2. 침해 분석 설명 방법

청구항 1의 구성 요소(예: 주변 조도 인식, 휘도 자동 조절 등)를 기술하고, B사의 제품이 해당 기술을 동일하게 실시하고 있다는 점을 기능 중심으로 설명
비교표(청구항 vs 침해 제품 구성)를 간략히 제시하는 방식이 효과적

3. 요구사항 작성 방식

"귀사 제품의 제조·판매·광고 행위를 즉시 중단하고, 향후 본 특허를 침해하는 어떠한 행위도 하지 않을 것을 요청드립니다."
필요시 협의 또는 라이선스 제안을 포함할 수도 있음.
회신 기한은 예: 본 내용증명 수령일로부터 7일 이내

4. 기술 설명 방식

기술적 설명은 법률적 용어보다 실제 사용자가 이해하기 쉬운 방식으로 서술

예: "귀사의 제품은 주변 밝기를 감지해 자동으로 화면 밝기를 조절하는 기능을 갖추고 있으며, 이는 A전자(주)의 특허 청구항 1의 핵심 구성과 실질적으로 동일합니다."

【상황 설정】

A전자는 내용증명 작성에 앞서 특허 침해 분석 자료를 보다 체계적으로 준비하고자 한다. 특히 자사 특허의 구성 요소와 침해품을 비교 분석하여 침해 논리를 명확히 하기 위해 ChatGPT에 다음과 같이 질문했다.

 특허 침해 내용증명 작성을 위한 대비표 및 분석 자료를 작성해 주세요:

특허 발명과 침해품의 대비:
1. 특허청구항 구성 요소 분석
2. 침해품의 기술 내용 분석
3. 구성 요소별 침해 여부 검토
4. 균등론 적용 가능성 검토

요구 사항:
- 기술적 특징 비교표
- 침해 논리 전개 방식
- 참고 판례 인용 방안
- 기술 전문가 의견 인용 방안

 내용증명 작성을 위한 침해 분석은 다음과 같은 순서와 형식으로 준비할 수 있습니다.

1. 특허청구항 구성 요소 분석

청구항 1을 구성 요소 단위로 분해합니다.

예:

(1) 주변 조도 측정 수단

(2) 측정값 기반 휘도 조절 알고리즘

(3) 디스플레이 휘도 제어부

이처럼 각 요소를 독립적으로 식별해 대비 준비

2. 침해품의 기술 내용 분석

B전자의 ○○모델 스마트폰의 사양서, 사용자 설명서, 공개된 리뷰, 테스트 결과 등을 바탕으로 위 각 요소에 해당하는 기술적 기능 또는 구조를 도출합니다.

3. 구성 요소별 침해 여부 검토

각 구성 요소에 대해 침해품에 해당 기능이 존재하는지 검토합니다.

일치 여부(있음/없음/부분 일치)를 기술 비교표 형식으로 정리

4. 균등론 적용 가능성 검토

일부 구성 요소가 형식적으로 상이하더라도,

   (1) 동일한 기능을

   (2) 실질적으로 동일한 방식으로

   (3) 동일한 결과를 초래한다면

   균등 침해로 주장 가능

5. 기술적 특징 비교표 (예시)

	청구항 구성 요소	침해품 대응 구성	침해 판단
구성 1	주변 조도 측정	광센서 모듈	동일
구성 2	휘도 조절 알고리즘	자동밝기 설정 기능	동일 또는 균등
구성 3	휘도 제어부	디스플레이 제어칩셋	동일

6. 침해 논리 전개 방식

   * 구성 요소별 일치 사실을 먼저 제시하고,

   * 일부 상이한 부분에 대해선 균등론을 적용

   * 침해 주장 부분과 자료 출처를 명확히 병기

7. 참고 판례 인용 방안

   * "실질적으로 동일한 작용 효과를 가지는 구성은 형식적 차이가 있더라도 균등으로 본다"는 판례(예: 대법원 2004후328)를 간단히 언급

   * 침해 경고에 무게를 실을 수 있음.

8. 기술 전문가 의견 인용 방안

   * 내부 개발자, 기술담당 임원, 외부 감정기관의 사실확인서 형태로 작성

   * 가능하다면 제3기관의 분석 보고서나 사설 특허 분석 결과 인용

2. 영업 비밀 침해 경고장

영업 비밀 침해의 경우, 해당 정보의 영업 비밀성을 입증하고 침해 사실을 구체적으로 적시하는 것이 중요하다. 또한, 비밀 유지 의무 위반 사실도 명확히 해야 한다.

【상황 설정】

A기업은 B협력 업체와 공동 개발 프로젝트를 진행하면서 NDA를 체결했다. 그러나 최근 B협력 업체가 프로젝트에서 습득한 기술 정보를 활용해 제3자와 유사 제품을 개발한 정황이 포착되었다. A기업은 이러한 영업 비밀 침해에 대응하기 위한 내용증명을 작성하고자 ChatGPT에 조언을 구했다.

 협력 업체의 기술정보 유출에 대한 내용증명 작성을 도와주세요:
상황:
- 공동개발 과정에서 획득한 기술 정보 유출
- 제3자와의 유사제품 개발 확인
- NDA 계약 존재

포함할 내용:
1. 대상 기술 정보의 특정
2. 계약상 의무 위반 사항
3. 손해배상 청구 근거
4. 요구사항 및 기한

 다음과 같은 구성으로 내용증명을 작성하면 효과적입니다.

1. 대상 기술 정보의 특정
공동 개발 중 공유된 기술자료, 설계도, 시제품, 테스트 결과 등의 항목을 구체적으로 열거합니다.
예: "2023년 6월 공동 개발 회의에서 제공된 회로 설계도 및 GUI 프로토타입"

2. 계약상 의무 위반 사항
NDA에 포함된 비밀유지 의무, 목적 외 사용 금지 조항 등을 근거로 B사가 제3자에게 정보를 사용하거나 제공한 행위가 명백한 위반임을 지적합니다.
가능하면 계약 조항 번호도 함께 기재합니다.

3. 손해배상 청구 근거

부정경쟁방지법상 영업비밀 침해 또는 계약 위반에 따른 채무불이행 책임을 근거로 직접적 손해(시장 출시 지연, 기술 유출), 간접 손해(신뢰관계 훼손 등)를 주장할 수 있습니다.

4. 요구 사항 및 기한

 * 유사제품 개발 및 유통의 즉각 중단
 * 관련 자료 전면 회수 및 파기
 * 향후 사용 금지 서면 확약
 * 내용증명 수령 후 7일 이내 서면 회신 요구

불응 시 민형사상 조치 예정임을 명확히 고지합니다.

3. 내용증명 발송 후 대응 전략

내용증명 발송 후에는 상대방의 반응에 따라 적절한 후속 조치가 필요하다. ChatGPT는 다양한 시나리오별 대응 방안을 제시할 수 있다.

【상황 설정】

C기업은 지식 재산권 침해 관련 내용증명을 발송한 후, 다양한 상대방 반응에 따른 대응 전략을 미리 준비하고자 한다. 이를 위해 ChatGPT에 다양한 시나리오별 전략을 요청했다.

 내용증명 발송 후 예상되는 시나리오별 대응 전략을 검토해 주세요:
가능한 시나리오:
1. 무응답
2. 반박 답변
3. 협상 요청
4. 역제안

각 상황별로:
- 추가 조치 필요성

- 법적 대응 시기
- 협상 가능 범위
- 증거자료 보강 방안

 내용증명 발송 이후 다음과 같은 4가지 시나리오별로 전략을 준비할 수 있습니다.

1. 무응답
* 추가 조치 필요성: 일정 기한(예: 7일) 후 2차 통지 또는 법적 조치 준비
* 법적 대응 시기: 침해 계속 시 즉시 가처분 또는 소 제기 가능
* 협상 가능 범위: 실질적으로 없음
* 증거자료 보강 방안: 침해 지속 정황 추가 확보, 상대방 제품 확보·분석

2. 반박 답변
* 추가 조치 필요성: 기술·법률 검토 후 정식 대응서 준비
* 법적 대응 시기: 기술적 쟁점이 명확하다면 소송 준비 가능
* 협상 가능 범위: 침해 사실 일부 인정 여부에 따라 조율
* 증거자료 보강 방안: 청구항 대비표 보완, 전문가 감정서 확보

3. 협상 요청
* 추가 조치 필요성: 협상 내역 정리, 법률 검토 병행
* 법적 대응 시기: 협상 결렬 또는 지연 시 병행 추진 고려
* 협상 가능 범위: 라이선스 조건, 사용범위 제한 등
* 증거자료 보강 방안: 기존 자료로 충분하되, 손해 산정 자료 정비 권장

4. 역제안 (예: 크로스라이선스 또는 공동 사업 제안)
* 추가 조치 필요성: 제안 내용의 실익 분석 필수
* 법적 대응 시기: 협의 결렬 시 대비한 소장 초안 준비
* 협상 가능 범위: 실질적 기술·시장 가치 검토 후 수용 가능성 판단
* 증거자료 보강 방안: 자사 권리 범위 및 경쟁사 권리 실태 비교

ChatGPT 활용 시 주의 사항

• 내용증명은 법적 분쟁의 시작점이 될 수 있으므로, 신중한 문구 선택이 필요하다.

• 권리자의 권리 범위와 침해 사실을 명확히 특정해야 한다.

• 과도한 요구나 위협적인 표현은 피해야 한다.

• 상대방의 회신 기한은 합리적으로 설정해야 한다.

3장

소장 등 문서 작성

지식 재산권 분쟁에서 민사소송, 형사 고소, 가처분 신청은 각 권리의 특성에 따라 선택할 수 있는 주요 구제 수단이다. ChatGPT는 각 권리 유형별 특성을 고려하여 관련 서류 작성을 지원할 수 있다.

1. 특허권 침해 소장 작성

【상황 설정】

A전자는 B전자를 상대로 특허 침해 소송을 제기하기 전에 더 구체적인 소장 내용을 준비하고자 한다. 특히 기술적 침해 분석과 손해액 산정에 관한 구체적인 내용이 필요하여 ChatGPT에 추가적인 도움을 요청했다.

 특허 침해 중지 및 손해배상 소장 작성을 도와주세요:

사건 개요:
- 원고의 배터리 충전 제어 방법(특허번호: 10-×××××) 특허 침해
- 피고의 무단 실시 기간: 2년
- 원고의 매출 감소액: 연간 10억 원

포함할 내용:

> 1. 당사자 관계 및 특허권 특정
> 2. 구성 요소별 침해 분석
> 3. 손해액 산정 방법 선택
> 4. 침해금지청구 범위 설정
> 5. 문서제출명령 신청 여부

 아래와 같은 구성으로 소장 내용을 구체화할 수 있습니다.

1. 당사자 관계 및 특허권 특정
  * 원고: A전자(주), 피고: B전자(주)
  * 원고는 20××년 등록된 특허(제10-××××××호, "배터리 충전 제어 방법")의 정당한 권리자
  * 피고는 동 특허 기술을 무단 실시하여 제품에 적용하고 있음.

2. 구성 요소별 침해 분석
  * 청구항의 구성 요소를 분해하고, 피고 제품의 기술 자료와 비교
    예:
      (1) 충전 상태 감지 → ○○모델의 전류 센서
      (2) 충전 전류 자동 조절 → ○○모델의 스마트 충전 기능
      (3) 과열 방지 제어 알고리즘 → 내부 온도 기반 제어 모듈
  * 기술 기능이 동일하거나 실질적으로 동일하므로 직접 침해 또는 균등 침해에 해당

3. 손해액 산정 방법 선택
  * 특허법 제128조 제2항: 실시료 상당액 청구
    → 피고 판매량 × 제품단가 × 통상 실시료율(예: 3%)
  * 또는 제3항: 원고의 매출 감소를 기준으로 손해액 주장
    → 연 10억 원 × 2년 = 20억 원 손해
  * 선택 가능하며 병렬 주장도 가능

4. 침해금지청구 범위 설정
  * 침해 기술을 탑재한 모든 스마트폰의 제조, 판매, 광고, 수입 행위
  * 간접 침해(제3자 판매 유통사)도 포함하여 포괄적으로 금지 청구 가능

5. 문서제출명령 신청 여부
  * 피고의 매출 자료, 기술 사양, 생산 수량 등은 외부에서 확인 곤란
    → 특허법 제132조에 따라 자료제출명령 신청 검토
    → 손해액 입증의 핵심 자료로 활용 가능

2. 상표권 침해 고소장 작성

【상황 설정】

화장품 브랜드 'MORNING BLOOM'을 보유한 A패션(주)은 최근 자사의 인기 제품과 동일한 디자인의 위조 상품이 온라인에서 대량 유통되고 있는 것을 발견했다. 조사 결과 B상사의 대표이사 김○○이 중국에서 위조 상품을 대량 수입하여 온라인 쇼핑몰을 통해 판매하고 있으며, 위조 상품 보관 창고까지 확인된 상태다. A패션(주)은 형사 고소를 통해 위조 상품 유통을 신속히 차단하고자 한다.

 다음 상표권 침해 사안의 고소장 작성을 도와주세요:

고소인: A패션(주)
피고소인: B상사 대표이사 김○○
침해 내용:
- 고소인의 등록상표 'MORNING BLOOM' 위조 상품 판매
- 온라인 쇼핑몰 통해 대량 유통
- 위조 상품 보관 창고 확인

요청 사항:
1. 고소장 기본 구조
2. 상표권 침해 사실관계 정리
3. 증거자료 목록 작성
4. 적용 법조문 검토
- 상표법 제230조
- 기타 적용 가능 법조문

 다음과 같은 구성으로 고소장을 작성할 수 있습니다.

1. 고소장 기본 구조
   * 고소인 인적사항: A패션(주)
   * 피고소인 인적사항: B상사 대표이사 김○○
   * 고소 취지: 상표법 위반 혐의로 형사처벌을 요청함
   * 범죄 사실: 위조상표 제품 수입 및 온라인 유통 행위
   * 증거자료: 첨부 목록으로 정리

 * 결론: 수사 및 처벌 요청

2. 상표권 침해 사실관계 정리
 * 고소인은 'MORNING BLOOM' 상표에 대한 등록상표권자임
 * 피고소인은 해당 상표를 무단으로 부착한 위조 화장품을 중국에서 수입
 * 자사 제품과 외형·상표가 동일한 제품을 온라인 쇼핑몰에서 반복·대량 유통
 * 위조품 보관 창고 소재지도 확인됨 (주소 기재 가능)

3. 증거자료 목록 작성
 * MORNING BLOOM 등록상표증명서
 * 위조상품 실물 또는 사진
 * 쇼핑몰 판매 페이지 캡처
 * 거래내역서, 송장, 중국 발송 정보
 * 위조품 창고 위치 및 사진
 * 탐문조사 보고서 또는 진술서

4. 적용 법조문 검토
 * 상표법 제230조 제1항: 등록상표의 위조 또는 모조 행위에 대한 7년 이하 징역 또는 1억 원 이하 벌금

3. 디자인권 침해 가처분 신청

【상황 설정】

A가구(주)는 독특한 디자인의 식탁 세트에 대한 디자인권을 보유하고 있다. 최근 경쟁사인 B리빙(주)이 이와 매우 유사한 디자인의 식탁 세트를 출시하여 1주일 후 홈쇼핑을 통해 1,000세트 이상의 대량 판매를 예정하고 있다. 제품이 시장에 유통되기 전에 신속하게 판매를 중단시키기 위해 A가구(주)는 가처분 신청을 준비하고 있다.

 디자인권 침해 가처분 신청서 작성을 도와주세요:

신청인: A가구(주)

피신청인: B리빙(주)

침해 내용:

- 신청인의 등록디자인(식탁 세트) 침해
- 홈쇼핑 방송 예정(1주일 후)
- 예상 판매수량 1,000세트

요청 사항:

1. 가처분 신청취지 작성
2. 보전의 필요성 설명
3. 디자인 유사성 분석
4. 담보액 산정 기준

 다음과 같은 구성을 기준으로 가처분 신청서를 작성할 수 있습니다.

1. 가처분 신청취지 작성

* 피신청인은 신청인의 등록디자인(디자인등록번호 기재)을 침해한 식탁세트를 제조·판매·광고해서는 안 된다.
* 홈쇼핑 방송 및 관련 유통 행위 일체의 중지를 구한다.
* 필요시 위반 시 간접 강제(예: 1일당 300만 원 지급)를 함께 청구 가능

2. 보전의 필요성 설명

* 피신청인의 홈쇼핑 판매는 1주일 뒤로 시급성 매우 높음
* 대량 유통 시 회복하기 어려운 손해 발생 가능성
* 침해 제품이 신청인의 고유한 디자인성과 시장점유율을 훼손하며, 본안 판결까지 기다리기 어렵다는 점을 강조

3. 디자인 유사성 분석

* 신청인의 등록디자인과 피신청인의 제품을 구성 요소별로 대비
* 전체적인 심미감, 형상, 색상, 조형, 결합 상태 등이 실질적으로 동일하거나 유사
* 시각적 인상을 중심으로 소비자 오인 가능성 설명
* 제품 사진, 등록디자인 도면 등을 비교표 형태로 첨부 가능

4. 담보액 산정 기준

* 민사집행법상 담보 제공은 가처분 집행으로 인한 피신청인의 잠재적 손해 대비

* 예상 판매수익(예: 1000세트×단가)을 기준으로 산정하며, 보통 10~20% 수준
  (예: 500만 원~2000만 원)에서 법원이 결정
* 담보 제공 방식은 현금 또는 보증보험증권 등 선택 가능

4. 특허 침해 소송 답변서 작성

경고장 발송 이후, 또는 경고장 없이 바로 특허권자로부터 침해 금지 소송의 '소장'을 받게 되는 경우가 방어 전략의 시작점이다. 이때 피고(침해자로 지목된 자)는 법원이 정한 기한 내에 원고의 주장을 반박하는 '답변서'를 제출해야 한다.

답변서는 향후 소송의 방향을 결정하는 매우 중요한 서류로, ChatGPT는 비침해 논리나 무효 항변 등 방어 논리의 초안을 구성하는 데 활용될 수 있다.

【상황 설정】

A기업은 B기업으로부터 '배터리 충전 제어 방법' 특허(10-××××××)를 침해했다는 이유로 특허 침해 금지 소송의 소장을 받았다. A기업은 (1) 자사 제품이 해당 특허의 구성 요소와 달라 침해하지 않았으며(비침해 항변), (2) 설령 침해하더라도 해당 특허는 선행기술에 의해 무효가 되어야 한다(무효 항변)고 주장하고자 한다.

특허 침해 소송 소장을 받았습니다. 이에 대한 '답변서' 초안을 작성해야 합니다.
원고의 청구를 기각하고 소송비용은 원고가 부담한다는 '청구취지에 대한 답변'을 작성해 주세요.
원고의 주장을 반박하는 '청구원인에 대한 답변'을 작성해 주세요.
방어 논리는 (1) '비침해 항변' (우리 제품은 특허의 특정 구성요소와 다름)과 (2) '무효 항변' (해당 특허는 선행기술 대비 진보성이 없음) 두 가지를 포함해 주세요.

ChatGPT를 활용한 답변서 핵심 논리 (초안)
청구취지에 대한 답변
원고의 청구를 기각한다.
소송비용은 원고가 부담한다. 라는 판결을 구합니다.

청구원인에 대한 답변

1. 원고의 주장 요지 및 피고의 기본 입장

원고는 피고의 제품(모델명 ○○○)이 원고 소유의 이 사건 특허(등록번호 10-×
×××××)의 청구항 1을 침해하였다고 주장합니다. 그러나 피고의 제품은 이 사
건 특허의 청구항 1의 구성요소를 모두 포함하고 있지 않아 특허권을 침해하지
않았으며(비침해 항변), 가사 백 보 양보하여 침해로 인정된다 하더라도 이 사건
특허는 선행기술들에 의해 쉽게 도출될 수 있어 진보성이 부정되므로(무효 항
변), 그 권리 행사가 제한되어야 합니다.

2. 비침해 항변 (구성 요소 불일치)

특허 침해가 성립하기 위해서는 피고의 제품이 특허 발명의 청구항에 기재된 모
든 구성요소를 포함하고, 그 구성요소 간의 유기적 결합 관계까지 동일해야 합니
다(구성요소 완비의 원칙).

그러나 이 사건 특허의 청구항 1은 '과열 방지 제어 알고리즘(구성요소 C)'을 필
수 구성으로 포함하고 있습니다. 반면, 피고의 제품은 이와 달리 '전압 감지에 기
반한 단순 차단 회로'를 사용할 뿐, 알고리즘 기반의 제어 기능을 포함하고 있지
않습니다.

따라서 피고의 제품은 이 사건 특허의 필수 구성요소인 구성요소 C를 결여하고
있으므로, 원고의 특허권을 침해하지 않았음이 명백합니다.

3. 무효 항변 (진보성 부정)

가사 피고의 제품이 침해에 해당한다 하더라도, 이 사건 특허의 청구항 1은 아래와
같은 선행기술들(갑 제1호증, 갑 제2호증)의 단순한 조합에 불과하여 통상의 기술
자가 용이하게 발명할 수 있으므로 진보성이 부정되어 무효가 되어야 합니다.

(중략)… 따라서 이 사건 특허는 무효 사유가 명백하므로, 무효심판을 통해 그
등록이 무효로 확인될 경우 원고는 피고에게 권리를 행사할 수 없습니다.

4. 결론 (생략)

5. 특허 무효심판 청구서 작성

위와 같이 소송에서 무효 항변을 하는 것과 동시에, 또는 그 이전에, 특허심판원에 해당 특허를 무효로 해달라는 '특허 무효심판'을 청구하는 것이 일반적인 분쟁 대응 전략이다. 무효심판 청구는 소송보다 더 신속하게 결론이 날 수 있으며, 특허 자체를 원천적으로 소멸시키는 가장 강력한 방어 수단이다.

【상황 설정】

위 답변서의 '무효 항변' 논리를 구체화하여, B기업의 특허(10-××××××)에 대해 특허심판원에 '특허무효심판 청구서'를 정식으로 제출하고자 한다.

 특허 무효심판 청구서를 작성하려 합니다. 대상 특허(10-××××××)의 청구항 1은 선행기술 1(갑 제1호증)과 선행기술 2(갑 제2호증)를 결합하면 진보성이 부정됩니다.

이 논리를 바탕으로 심판 청구서의 '청구의 이유' 섹션 초안을 작성해 주세요. 이 사건 특허와 선행기술들을 대비하고, 결합이 용이하다는 점을 강조해 주세요.

 **청구의 이유**

1. 이 사건 특허 발명의 요지

이 사건 특허(등록번호 10-××××××)의 청구항 1은 '충전 상태 감지부(구성 A)', '충전 전류 자동 조절부(구성 B)', 및 '과열 방지 제어 알고리즘(구성 C)'을 포함하는 배터리 충전 제어 방법에 관한 것입니다.

2. 선행기술 문헌의 개요

선행기술 1(갑 제1호증)은 '충전 상태 감지부'와 '전류 조절부'를 포함하는 배터리 제어 회로를 개시하고 있습니다. 선행기술 2(갑 제2호증)는 컴퓨터 프로세서의 '과열 방지를 위한 소프트웨어 알고리즘'을 개시하고 있습니다.

3. 이 사건 특허와 선행기술의 대비

구성 A 및 B: 이 사건 특허의 구성 A와 B는 선행기술 1에 개시된 '충전 상태 감지부' 및 '전류 조절부'와 실질적으로 동일합니다.

구성 C: 이 사건 특허의 핵심이라는 '과열 방지 제어 알고리즘'은 그 기술적 원리가 선행기술 2에 개시된 '과열 방지 알고리즘'과 동일합니다.

4. 진보성 부정 논리 (결합의 용이성)

이 사건 특허의 청구항 1은 선행기술 1의 배터리 제어 회로에, 당시 널리 알려진 선행기술 2의 과열 방지 알고리즘을 적용하여 결합한 것에 불과합니다.

배터리 충전 시 과열이 발생하는 것은 통상의 기술자에게 자명한 문제점이며, 이를 해결하기 위해 다른 기술 분야(컴퓨터 프로세서)에서 이미 공지된 과열 방지 알고리즘을 도입하는 것은 통상의 기술자가 누구나 시도할 수 있는 기술적 수단에 불과합니다.

이러한 단순한 결합으로부터 어떠한 현저한 효과가 추가로 발생한다고 볼 수도 없습니다.

5. 결론

따라서 이 사건 특허의 청구항 1은 선행기술 1과 2의 결합에 의해 진보성이 부정되므로, 그 등록이 무효로 되어야 합니다.

ChatGPT 활용 시 주의 사항

- 각 서류 작성 시 권리자의 권리 범위와 침해 사실을 명확히 특정해야 한다.

- 증거 자료는 적법하게 수집된 것이어야 한다.

- 형사 고소의 경우 무고나 업무 방해 등의 위험을 피하기 위해 신중한 검토가 필요하다.

- 가처분 신청 시 보전의 필요성과 담보액 산정에 특히 유의해야 한다.

4장

분쟁 대응 전략과 실무 사례

1. 분쟁 유형별 대응 전략

지식 재산권 분쟁은 그 시작과 전개 양상에 따라 다양한 대응 전략이 필요하다. 분쟁 유형별로 주요 대응 전략을 살펴보자.

(1) 권리 침해 주장에 대한 초기 대응

권리자로부터 경고장이나 내용증명을 수령한 경우, 초기 대응이 향후 분쟁의 향방을 좌우할 수 있다. 이 단계에서는 다음과 같은 전략적 접근이 필요하다.

먼저, 권리자가 주장하는 권리의 유효성을 검토해야 한다. 특허의 경우 무효 사유가 있는지, 상표의 경우 불사용 취소 사유가 있는지, 디자인의 경우 자유실시기술에 해당하는지 등을 면밀히 조사해야 한다. 이러한 검토 결과에 따라 답변서는 다음과 같이 작성될 수 있다.

【상황 설정】

A기업은 B기업으로부터 특허 침해 관련 경고장을 수령했다. A기업은 경고장에 언급된 특허의 유효성과 자사 제품의 침해 여부를 검토하고, 적절한 답변서를 작성하고자 한다. 이를 위해 ChatGPT에 도움을 요청했다.

 B기업의 경고장을 기초로 이에 대한 답변 내용을 작성해 주세요.

 특허 침해 경고장에 대한 답변서는 다음과 같은 형식으로 작성할 수 있습니다:

수신: 주식회사 B

제목: 귀사의 2024. 2. 1.자 특허 침해 관련 경고장에 대한 답변

1. 귀사의 무궁한 발전을 기원합니다.

2. 당사는 귀사의 특허 제10-×××××호 관련 경고장을 수령하여 신중히 검토하였습니다. 귀사가 주장하는 특허 침해 주장에 대하여 다음과 같이 당사의 의견을 말씀드립니다.

3. 먼저, 귀사의 이 사건 특허는 다음과 같은 이유로 무효 사유가 존재합니다.
   가. 이 사건 특허의 출원일 이전에 공지된 선행기술 1에는…(중략)
   나. 통상의 기술자가 선행기술 1, 2를 결합하면 용이하게 발명할 수 있으므로…(중략)

4. 또한, 당사의 제품은 귀사의 특허 청구 범위에 속하지 않습니다.
   가. 귀사 특허의 구성 요소 1은…(중략) …특징을 가지나,
   나. 당사 제품은…(중략) …차이가 있어 비침해됩니다.

(2) 적극적 권리행사 전략

타사의 권리 침해가 명백한 경우, 권리자로서 취할 수 있는 전략적 옵션을 검토해야 한다. 이는 단순한 경고장 발송에서부터 가처분 신청, 본안 소송 제기까지 다양한 수단을 포함한다.

【상황 설정】

C기업은 등록상표 'MORNING BLOOM'에 대한 권리를 보유하고 있다. 최근 D기업이 'MORNING BLOOMING'이라는 유사 상표를 사용하여 동일 상품군에서 제품을 판매하는 것을 발견했다. C기업은 이에 대응하기 위한 경고장을 작성하기 위해 ChatGPT에 도움을 요청했다.

 D기업의 상표 침해 사실에 대해 침해 중지를 요청하는 경고장을 작성해 주세요.

 수신: 주식회사 D
제목: 상표권 침해 중지 요청

1. 당사는 'MORNING BLOOM' 상표(등록번호: 40-××××××)의 권리자로서, 귀사의 상표권 침해 행위에 대해 다음과 같이 중지를 요청드립니다.

2. 당사가 확인한 귀사의 침해 행위는 다음과 같습니다.
   가. 침해 상표: 'MORNING BLOOMING'
   나. 침해 상품: 화장품류
   다. 판매 채널: 온라인 쇼핑몰
   라. 침해 기간: 2024년 1월부터 현재까지

3. 위 침해 행위는 다음과 같은 이유로 당사의 상표권을 침해합니다.
   가. 양 상표는 외관, 호칭, 관념이 유사하며
   나. 지정상품도 동일·유사하여
   다. 수요자의 혼동을 초래할 우려가 명백합니다.

(3) 심판과 소송의 복합적 대응

지식 재산권 분쟁에서는 종종 심판과 소송이 동시에 진행되는 경우가 있다. 이러한 경우 각 절차의 특성을 고려한 전략적 대응이 필요하다.

【상황 설정】

E기업은 F기업으로부터 특허침해소송을 제기당했다. E기업은 해당 특허에 무효 사유가 있다고 판단하고, 소송과 함께 무효심판을 청구하기로 결정했다. 이를 위한 무효심판청구서 작성을 위해 ChatGPT에 도움을 요청했다.

 F기업의 특허에 대한 무효심판청구서 작성 가이드를 알려주세요.

 청구인: E 주식회사
피청구인: 주식회사 F

무효심판청구

청구의 취지

특허심판원 2024당××× 특허침해소송 관련 특허 제10-××××××호는 그 등록이
무효로 되어야 한다는 심결을 구합니다.

청구의 이유

1. 이 사건 특허의 개요
   가. 발명의 명칭: 배터리 충전 제어 방법
   나. 출원일 / 등록일: 2020. 1. 1. / 2021. 1. 1.
   다. 청구 범위: [청구항 1] …

2. 무효 사유의 요지
   가. 선행기술들과의 대비
   나. 진보성 부정의 구체적 이유
   다. 명세서 기재 요건 위반

(4) 온라인 플랫폼에서의 분쟁 대응

전자상거래의 발달로 온라인 플랫폼에서의 지식 재산권 분쟁이 증가하고 있다.
이러한 경우 플랫폼 운영자에 대한 대응도 함께 고려해야 한다.

【상황 설정】

G기업은 온라인 쇼핑몰에서 자사의 지식 재산권을 침해하는 상품이 판매되고
있는 것을 발견했다. G기업은 신속한 대응을 위해 플랫폼 운영자에게 침해 게시물
삭제를 요청하기로 결정하고, 효과적인 요청서 작성을 위해 ChatGPT에 도움을
요청했다.

 온라인 쇼핑몰에 대해 지식재산권 침해 상품의 판매 중단을 요청하는 문서를 작
성해 주세요.

 수신: [플랫폼명] 지식재산권 담당부서
제목: 지식재산권 침해 게시물 삭제 요청

1. 권리자 정보
   - 상표권/특허권/디자인권 등록증 사본
   - 침해 신고 권한 증명

2. 침해 게시물 특정
- URL 및 판매자 정보
- 구체적 침해 태양
- 비교 자료

3. 요청 사항
- 해당 게시물의 즉시 삭제
- 판매자 계정 제재
- 재발 방지 대책 수립

이러한 분쟁 유형별 대응 전략은 상황에 따라 유연하게 적용되어야 하며, 필요한 경우 여러 전략을 복합적으로 활용할 수 있다. 또한, 모든 전략의 실행에는 비용과 시간, 인력 등 현실적인 제약 요소들을 종합적으로 고려해야 한다.

2. 분쟁 유형별 세부 체크리스트

(1) 권리 침해 주장 접수 시 체크리스트

【상황 설정】

H기업은 지식 재산권 침해 주장을 담은 경고장을 수령했다. 효과적인 초기 대응을 위해 체계적인 체크리스트가 필요하여 ChatGPT에 다음과 같이 요청했다.

지식 재산권 침해 경고장을 수령한 경우, 내부 대응을 위한 초기 체크리스트를 작성해 주세요.

다음 항목을 포함해서 정리해 주세요:
1. 경고장 수령 직후 확인해야 할 문서상의 기본 사항
   - 발신인의 권리자 적격 여부
   - 특허·상표 등 권리의 존속 상태
   - 답변 기한 및 내용의 명확성

2. 관련 증거 자료 확보 항목
  - 제품 재고, 개발 문서, 계약서 등

3. 내부 검토 사항
  - 독자 개발 여부
  - 회피 설계 가능성
  - 라이선스 협상 필요성
  - 법적 대응에 따른 예상 비용

 지식 재산권 침해 경고장을 수령한 경우, 초기 대응의 정확성과 신속성을 위해 다음과 같은 항목을 중심으로 체계적으로 검토해 보시기 바랍니다.

초기 대응 단계

- 접수 문서 기본 확인 사항
  • 발신인의 권리자 적격 여부
  • 주장하는 권리의 현재 법적 상태
  • 답변 기한의 적정성
  • 요구 사항의 구체성

- 증거 자료 확보
  • 권리 침해 주장 관련 제품의 현재 재고 상태
  • 제품 설계/개발 관련 문서
  • 관련 거래처와의 계약서
  • 매출 자료

- 내부 검토 사항
  • 자사 제품의 독자 개발 여부
  • 회피 설계 가능성
  • 라이선스 협상 필요성
  • 예상 분쟁 비용

(2) 권리 분석 단계 체크리스트

【상황 설정】

I기업은 경쟁사의 지식 재산권 침해 주장에 대응하기 위해 해당 권리의 분석이 필요하다. 권리 유형별로 체계적인 분석을 위한 체크리스트를 ChatGPT에 요청했다.

지식재산권 침해 주장에 대응하기 위해, 특허권, 상표권, 디자인권 각 권리 유형별로 분석할 항목을 정리한 체크리스트를 제공해 주세요.

각 권리별로 다음 사항을 중심으로 구성해 주세요:
- 특허권: 청구 범위 해석, 존속 기간, 무효 사유, 선행기술 조사 등
- 상표권: 식별력, 유사 범위, 불사용 취소 가능성, 선사용 여부 등
- 디자인권: 도면 해석, 유사성 판단, 자유실시 기술, 무효 사유 등

지식재산권 침해 주장에 효과적으로 대응하기 위해, 각 권리 유형별로 다음과 같은 분석 항목을 중심으로 검토해 보시기 바랍니다.

- **특허권의 경우**
  - 청구 범위 해석
  - 권리 존속기간 확인
  - 연차료 납부 상태
  - 무효 사유 검토
  - 선행 기술 조사

- **상표권의 경우**
  - 등록상표의 식별력
  - 유사 범위 검토
  - 불사용 취소 가능성
  - 선사용 증거 확보

- **디자인권의 경우**
  - 도면 해석
  - 유사 범위 판단
  - 자유실시 기술 여부
  - 무효 사유 검토

3. 법적 대응 단계 체크리스트

(1) 답변서 제출 시

【상황 설정】

J기업은 지식 재산권 침해 주장에 대한 답변서를 준비하고 있다. 효과적인 답변서 작성을 위한 체크리스트와 고려 사항을 ChatGPT에 요청했다.

 지식 재산권 침해 주장에 대한 답변서를 작성하려고 합니다. 사실관계 확인, 법적 대응 방안, 증거자료 준비 항목을 중심으로 체크리스트를 제공해 주세요.

 지식 재산권 침해 주장에 대한 효과적인 답변서를 작성하기 위해, 다음과 같은 항목들을 단계별로 점검하시기 바랍니다.

- 사실 관계 확인 사항
- 자사 제품/서비스의 개발 경위
- 출시 시기 및 홍보/판매 현황
- 관련 산업계의 기술 수준
- 시장 현황 및 경쟁 상황

- 법적 대응 방안 검토
- 권리 무효 가능성
- 비침해 논리 구성
- 실시권 존재 여부
- 권리남용 해당 여부
- 출원경과 금반언의 원칙 항변 가능성

- 증거 자료 준비
- 자체 개발 입증 자료
- 선행기술/선사용 증거
- 거래 실적 증거
- 전문가 의견서
- 시험 분석 자료

(2) 협상 단계 준비 사항

【상황 설정】

K기업은 지식 재산권 분쟁을 협상을 통해 해결하고자 한다. 효과적인 협상 준비와 과정에서의 체크리스트를 ChatGPT에 요청했다.

 지식 재산권 분쟁 협상을 준비 중입니다. 협상 전 준비 사항과 협상 과정 중 점검사항을 중심으로 체크리스트를 정리해 주세요.

 지식 재산권 분쟁을 협상으로 해결하고자 할 때는, 협상 전 사전 준비와 협상 과정 중의 주요 사항을 다음과 같이 체계적으로 점검하는 것이 중요합니다.

- 협상 전 준비
  - 자사의 최대/최소 협상 범위 설정
  - 예상 실시료율 산정
  - 교차 라이선스 가능성 검토
  - 대체기술 개발 비용 분석
  - 시장점유율 영향 분석

- 협상 과정 중 점검 사항
  - 협상 내용의 문서화
  - 비밀유지계약 체결 여부
  - 임시 합의 내용의 법적 검토
  - 이사회 승인 필요성 검토
  - 관련 부서 의견 수렴

4. 분쟁 해결 단계 체크리스트

(1) 화해 조건 검토

【상황 설정】

L기업은 지식 재산권 분쟁을 화해로 종결하기 위한 조건을 검토 중이다. 화해 조건 검토를 위한 체계적인 체크리스트를 ChatGPT에 요청했다.

지식 재산권 분쟁을 화해로 종결하려고 합니다. 권리관계, 손해배상, 시장 조정 측면에서 검토해야 할 체크리스트를 정리해 주세요.

지식 재산권 분쟁을 화해로 종결하기 위해서는 다음과 같이 권리관계 정리, 손해배상, 시장 대응 측면에서 조건을 체계적으로 검토해야 합니다.

- **권리 관계 정리**
  - 실시권 설정 범위
  - 향후 권리 활용 방안
  - 제3자 실시 가능성
  - 개량 기술의 권리관계

- **손해배상 관련**
  - 과거 손해액 산정
  - 장래 실시료 산정
  - 비용 부담 방안
  - 분할 지급 조건

- **시장 관련 사항**
  - 제품 수정 일정
  - 재고 처리 방안
  - 광고/홍보물 수정
  - 거래처 고지 방안

(2) 판결 이후 대응

【상황 설정】

M기업은 지식 재산권 소송에서 판결을 받은 후 향후 대응 방안을 검토 중이다. 판결 이후의 대응을 위한 체크리스트를 ChatGPT에 요청했다.

지식 재산권 소송에서 판결을 받은 후의 대응 방안을 검토 중입니다. 판결 분석과 사후 관리를 중심으로 체크리스트를 제공해 주세요.

지식 재산권 소송 판결 이후에는 즉각적인 법적 대응과 중장기적 사업 전략 정비를 위해 다음과 같은 항목들을 체계적으로 검토하는 것이 중요합니다.

- **판결 분석**
  - 법원 판단의 핵심 내용
  - 항소 필요성 검토
  - 가집행 관련 대응
  - 강제집행 대비

- **사후 관리**
  - 관련 사업 재검토
  - 라이선스 계약 관리
  - 회피 설계 이행
  - 재발 방지 체계 구축
  - IP 포트폴리오 재정비

ChatGPT 활용 시 주의 사항

• 모든 법적 대응은 반드시 시간적 제약을 고려해야 한다. 특히 특허 침해 소송의 경우 특허 검토에 소요되는 시간이 상당할 수 있으므로, 체크리스트의 각 항목을 검토할 때 전체적인 일정을 관리해야 한다. 또한, 상표나 디자인 관련 가처분 사건의 경우 신속한 대응이 필요하므로 우선순위를 정해 단계적으로 검토를 진행해야 한다.

- 증거자료의 수집과 보관에 특별한 주의가 필요하다. 특히 전자적 형태의 증거는 생성 시점과 진정성 입증이 중요하므로, 메타데이터를 포함한 원본 형태로 보관해야 한다. 이메일이나 내부 문서의 경우 타임스탬프나 공증 등 법적 증명력을 보완할 수 있는 조치를 고려해야 한다.

- 분쟁 과정에서 새로운 법적 쟁점이 발생할 수 있음을 항상 염두에 두어야 한다. 예를 들어, 특허 침해 주장에 대응하는 과정에서 상대방의 영업 비밀 침해 주장이 추가될 수 있다. 따라서 초기 대응 단계부터 잠재적 쟁점들을 예측하고 관련 자료를 확보해 두어야 한다.

- 기업의 전반적인 사업 전략과의 정합성을 고려해야 한다. 법적 대응 과정에서 공개되는 정보가 다른 사업 영역에 미치는 영향, 거래 관계에 미치는 영향, 기업 이미지에 미치는 영향 등을 종합적으로 검토해야 한다. 특히 공개 법정에서 다루어지는 내용은 경쟁사들에게도 노출될 수 있음을 유의해야 한다.

- 분쟁 대응 과정에서 발생하는 비용과 인력 투입을 효율적으로 관리해야 한다. 외부 법률 대리인 선임, 감정인 선정, 번역 비용 등 예상되는 비용을 사전에 파악하고, 소송 결과에 따른 비용 상환 가능성도 고려해야 한다. 또한, 사내 담당자들의 업무 부담을 고려하여 적절한 인력 배치 계획을 수립해야 한다.

베테랑 변리사가 만든
변리사 업무를 위한

생성형 AI 변리사 업무 활용하기!

2026년	1월 12일	1판	1쇄	인 쇄
2026년	1월 20일	1판	1쇄	발 행

지 은 이 : 박규민·이정원·정다운 공저

펴 낸 이 : 박　　　정　　　태

펴 낸 곳 : **(주) 광문각출판미디어**

10881
파주시 파주출판문화도시 광인사길 161
광문각 B/D 3층
등　　　록 : 2022. 9. 2 제2022-000102호
전 화(代): 031-955-8787
팩　　　스 : 031-955-3730
E - m a i l : kwangmk7@hanmail.net
홈페이지 : www.kwangmoonkag.co.kr

ISBN : 979-11-93205-82-2　　03360

값 : 15,000원

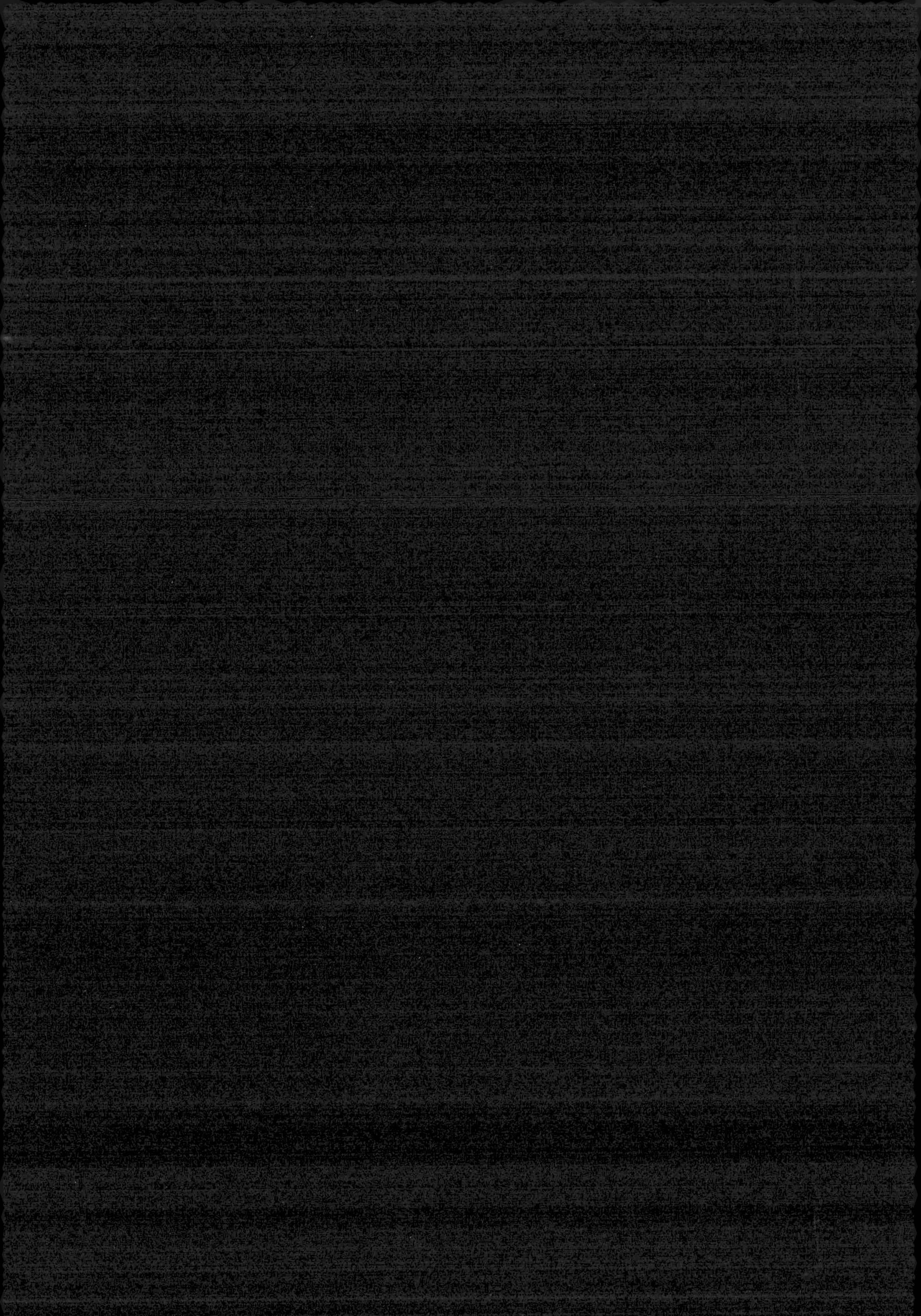